课题来源:山西省社科联 2021 年度山西省高校外语教学与研究专项课题
课题编号:SXSKL2021SX0088
课题名称:线上线下混合式教学模式下高职《旅游英语》慕课建设与应用

高校英语教学方法探究的新视角
——信息化教学

解　峰　著

中国商务出版社
CHINA COMMERCE AND TRADE PRESS

图书在版编目（CIP）数据

高校英语教学方法探究的新视角：信息化教学／解
峰著 . -- 北京：中国商务出版社，2021.12（2023.3重印）
ISBN 978-7-5103-4152-6

Ⅰ．①高… Ⅱ．①解… Ⅲ．①英语-教学研究-高等
学校 Ⅳ．①H319.3

中国版本图书馆 CIP 数据核字（2021）第 250006 号

高校英语教学方法探究的新视角：信息化教学

GAOXIAO YINGYU JIAOXUE FANGFA TANJIU DE XINSHIJIAO：
XINXIHUA JIAOXUE

解　峰　著

出　　　版：中国商务出版社
地　　　址：北京市东城区安定门外大街东后巷 28 号邮编：100710
责任部门：商务事业部（010-6423016）
总 发 行：中国商务出版社发行部（010-64208388 64515150）
网购零售：中国商务出版社考培部（010-64286917）
责任编辑：刘姝辰
网　　　店：https：//shop162373850.taobao.com/
邮　　　箱：349183847@ qq.com
开　　　本：700 毫米×1000 毫米　　16 开
印　　　张：11.25　　　　　　　　　字　数：210 千字
版　　　次：2021 年 12 月第 1 版　　印　次：2023 年 3 月第 2 次印刷
书　　　号：ISBN 978-7-5103-4152-6
定　　　价：45.00 元

前　言

　　随着全球科技和经济的发展，英语在各行各业发挥着日益重要的作用。英语作为全球的通用语言已经成为世界各国普遍联系的桥梁。随着世界经济的快速发展，英语作为一种国际化交流的语言显得越来越重要。虽然我国英语教学已经取得了一定的成绩，为社会的发展输送了大批优秀的英语人才，但是我国高校英语教学中还存在许多问题，这些问题制约着英语教学的进一步发展。部分高校的英语教师在教学中没有采用创新的教学方法，仍然通过黑板、粉笔等向学生展示英语知识，教学过程仍然以语言为主，无法激发起学生的学习兴趣，缺乏创新直接导致教学效率较低。随着信息技术的快速发展，信息技术在各个行业中都得到了广泛应用，教育领域也不例外。在信息技术时代，各种先进的信息技术手段为英语教学方法改革创新提供了可能，高校的英语教师应该尝试在教学实践中运用新的教学方法，从而提升和完善教学的整体实效。

　　信息化教学是与传统教学相对的一种现代教学的表现形态，它以信息技术的支持为显著特征。信息化教学指的是，在现代教学理念的指导下，人们在教学中充分利用现代信息技术，如计算机及多媒体技术、卫星通信技术等，构建出优质的教学与学习环境，积极发挥学生的主观能动性，使学生真正成为知识和信息的主动建构者，从而提升教学的效果。在教学实践中，英语教师可以从信息化教学的视角来探究高校的英语教学方法创新。

　　本书是一本研究高校英语教学方法创新的著作，全书共分为八章。第一章详细论述了信息化教学基础知识；第二章分析了信息技术与高校英语教学的整合；第三章至第七章系统地分析了高校英语信息化教学方法创新之翻转课堂、移动学习、智慧课堂、微课、慕课、远程教学；第八章探讨了高校英语信息化教学背景下英语教师专业发展，层次鲜明，内容新颖。

　　全书以高校英语教学方法创新为主题，分析和论述了当前相关领域的研究成果，并在此基础上提出了自己的理论和见解。与已有的同类研究成果相比，本书主要具有以下两大特色：

　　第一，结构清晰、内容全面，实用性强。本书主要分三个部分进行介绍，其中第一章和第二章主要围绕信息化教学以及与高校英语教学整合来展开论述。第三章至第七章则是围绕各种创新的高校英语教学方法展开研究，如高校英语教学的翻转课堂、移动学习、智慧课堂等教学方法。第八章研究了信息化教学背景下英语教师专业发展，内容充实，对读者而言有一定的参考价值。

第二，语言流畅，言简意赅。文章语言比较平实，简明扼要，在具体语言表达过程中，作者考虑到不同读者阅读和理解水平的差异，因此选用了平实的语言，有利于读者的参阅与学习。

在本书写作过程中，作者查阅了大量的国内外资料和文献，吸收了很多与之相关的最新研究成果，借鉴了许多专家学者的观点，并在此基础上形成了一家之言。但是，由于时间仓促和个人能力有限，本书可能还存在很多不足之处，希望读者批评指正。最后，作者对给予本书巨大帮助的各位朋友致以最诚挚的感谢。

目　录

第一章　信息化教学概述 ··· 1

　　第一节　信息化教学的内涵与要素 ··· 1

　　第二节　信息化教学的结构与模式 ··· 6

　　第三节　信息化教学的理念和策略 ··· 17

第二章　信息技术与高校英语教学的整合 ·· 20

　　第一节　信息技术对教学的影响 ··· 20

　　第二节　信息技术背景下高校英语教学的现状 ····················· 29

　　第三节　信息技术与高校英语教学整合的意义和目标 ··········· 34

　　第四节　信息技术与高校英语课程整合的策略分析 ··············· 38

第三章　高校英语信息化教学方法创新之翻转课堂 ························· 41

　　第一节　翻转课堂的基础知识 ··· 41

　　第二节　翻转课堂应用于高校英语教学的优势及注意事项 ····· 47

　　第三节　基于信息化教学的高校英语翻转课堂教学设计与实施 ····· 49

第四章　高校英语信息化教学方法创新之移动学习 ························· 61

　　第一节　移动学习的基础知识 ··· 61

　　第二节　移动学习应用于大学英语教学的特点 ······················ 69

　　第三节　基于移动学习系统的大学英语听说教学模式的构建分析 ···· 71

第五章　高校英语信息化教学方法

创新之智慧课堂 ·· 81

　　第一节　智慧课堂的基础知识 ··· 81

　　第二节　智慧课堂在英语教学中的特征以及应用价值 ············ 89

　　第三节　"互联网+教育"背景下智慧课堂教学模式设计 ·········· 90

　　第四节　信息化元素在高校英语智慧课堂构建中的应用探究 ··· 102

第六章　高校英语信息化教学方法创新之微课、慕课……………………… 105

　　第一节　微课和慕课的基础知识 ……………………………………… 105

　　第二节　微课在高校英语教学中的应用研究 ………………………… 108

　　第三节　慕课在高校英语教学中的应用研究 ………………………… 120

第七章　高校英语信息化教学方法创新之远程教学…………………………… 126

　　第一节　远程教学的基础知识 ………………………………………… 126

　　第二节　基于互联网+O2O 三位一体式英语远程教学模式研究 ………… 134

　　第三节　远程教学在英语教学中的应用研究 ………………………… 137

第八章　高校英语信息化教学背景下英语教师专业发展……………………… 147

　　第一节　教师专业发展的基础知识 …………………………………… 147

　　第二节　教育信息化与教师专业发展 ………………………………… 157

　　第三节　信息化背景下英语教师专业发展的路径分析 ………………… 162

参考文献………………………………………………………………………… 165

第一章　信息化教学概述

教育信息化具有突破时空限制、快速复制传播、呈现手段丰富的独特优势，因而信息化教学受到了越来越多人的关注。本章首先分析了信息化教学的内涵与要素，接着进一步分析了信息化教学的结构与模式，最后论述了信息化教学的理念和策略。

第一节　信息化教学的内涵与要素

一、信息化教学的内涵

"信息化"是当前使用非常广泛的一个术语，信息化是指在社会各个领域广泛利用现代信息技术，以提高和加速实现现代化的过程。相应地，在教育领域全面深入地运用现代信息技术来促进教育改革和教育发展，加速实现教育现代化的过程即为教育信息化，同样地，在课程领域广泛利用现代信息技术，以提高和加速实现课程现代化的过程即为课程信息化。祝智庭教授认为，教育信息化的结果必然是形成一种全新的教育形态——信息化教育①，同样课程信息化的结果必然是形成一种全新的课程形态——信息化课程，教学领域亦有同样的结果——教学信息化。

从信息化的角度认识信息化教学，它是一个教学信息化的过程，是信息技术如何改造和创新教学，是信息化教育专家们站在信息技术发展应用的立场上所特别关注的问题，追求的是"信息技术→教学"的单向整合。而从原有的整合、教育学角度认识信息化教学，它是一个信息技术教学化，是教学创新中

---

① 祝智庭. 世界各国的教育信息化进程［J］. 全球教育展望，1999（2）.

如何开发和利用信息技术，是教学专家们站在教学变迁创新立场上所格外重视的问题，追求的是"教学→信息技术"的单向整合。教学信息化和信息技术教学化是同一事件、同一过程，最终目的是在信息技术与教学互动性双向整合过程中实现两者的整体化和一体化，建构信息文化背景里整合型的信息化教学新形态。

近年来，与信息化教学概念相关的大家讨论较多的一个概念是"信息技术与课程整合"，从信息化角度来认识，信息技术与课程整合是在教育领域全面应用信息技术的中观层次，而在教育领域全面应用信息技术的微观层次是信息技术与教学整合，宏观层次是信息技术与教育的全方位整合。信息化教育专家站在信息技术发展应用的立场上，关注的是教育、课程、教学等信息化的过程，教育学、课程论及教学论专家们站在教育、课程、教学改革、创新的立场上，关注的是信息技术在教育、课程、教学中的整合过程，信息化与整合是同一事件、同一过程，最终目的是实现系统的整体优化，形成一个全新的形态——信息化教育、信息化课程、信息化教学。

二、信息化教学的要素

（一）教学要素

教学要素问题是教学论的基本课题之一，有"三要素说"（即教师、学生和教材）、"四要素说"（即教师、学生、教学内容和教学手段）、"五要素说"（即教师、学生、教材、工具、方法）、"六要素说"（即教师、学生、教学内容、教学工具、时间、空间）、"七要素说"（即学生、教学目的、教学内容、教学方法、教学环境、教学反馈和教师)[1]。

那教学要素到底有哪些呢？我们需要首先从"要素"的内涵着手分析：要素是指构成事物的必要因素，而因素是指构成事物本质的成分、决定事物成败的原因或条件，这说明因素外延宽于要素。在教学系统中，影响教学系统运行的因素有许多，其中有些是教学系统的必要成分，缺少这些成分就不称其为教学；而另外一些因素属于教学系统的充分条件，条件越充分，教学活动越有效，前者可以称为教学要素，要素和后者都可以称为教学因素[2]，即教学要素是构成教学系统的必不可少的条件或成分。

基于要素和教学要素内涵问题的考量，再仔细分析一般教学的含义及过

---

① 张楚廷. 教学要素层次论 [J]. 教育研究，2000（6）.

② 吕国光. 教学系统要素探析 [J]. 上海教育科研，2003（2）.

程，人们就会对教学要素有一个准确的认识。一般教学是指包括古今中外一切教学在内的教与学的互动过程，由此首先需要教的人和学的人，可以称之为教育者和学习者。教育者和学习者的互动活动是一个信息交流的过程，教育者将自己所掌握的知识传向学习者，此时所传递的内容一般称之为教学内容，有时也叫作教材、课程。这只是单向的传授活动，而不是互动活动，要互动还必须有学习者的信息（不仅仅是反馈）传向教育者，如此循环往复的过程才构成过程。在这个完整的互动教学过程中，交换的信息除了教学内容、反馈信息外，还有许多，如社会对学习者素质的要求、教育目标的要求等，这些可称之为控制信息；又如教师的"身教"信息、学生的学习结果信息等。总之，在教学过程中交换的信息都统称为教育信息，其中教学内容是最重要的。至此，一般教学最基本的要素逐渐清晰，即教育者、学习者和教育信息。但还有一个问题值得思考：教育者和学习者之间如何交换教育信息？他们之间或口耳相传，或使用一定的手段、方法和技能，总之教育者和学习者之间需要一个中介，是"教育媒体"？是"教育工具"？是"教育方法"？是"教育环境"？还是"教材教具"？教育者和学习者之间用来交换教育信息的是教育媒体、教育工具、教育方法、教育环境、教材教具等所有这些的总和，这个总和在广义上可以称之为教育技术，它是指人类在教育教学过程中运用的一切物质手段、方法技能和知识经验的总和，但它不是有了"先进媒体"才有的，而是古已有之。

综上所述，教学要素包括教育者、教育信息、教育技术和学习者，除此之外，教学的其他因素包括目的、环境、噪声、评价、效果、反馈等。教学是在特定教学目的的指引下，在一定环境中，教育者与学习者通过一定的教育技术进行信息交流，并产生一定效果的过程，在这个过程中会受到各种噪声的干扰，即噪声存在于教学过程的各个要素和环节，并且教学是一个双向互动的过程，即反馈也存在于传播的各个要素和环节。

（二）信息化教学的主要要素

在信息化教育学界，有学者认为，信息化教学相对于传统教学来说，在教师、学生和教材（教育内容）三个要素的基础上新增加了教学媒体这个要素[1]；也有学者认为是在教师、学生和教育内容三个要素的基础上新增加的第四个要素是教育技术[2]。

① 何克抗. E-learning 与高校教学的深化改革（上）[J]. 中国电化教育，2002（2）.
② 刘兴喜. 对教育技术学研究方法的思考 [J]. 中国成人教育，2005（4）.

某种媒体技术在教学中的应用是否改变了教学要素的多寡呢？无可否认，教学要素是指教学系统的要素，用系统论的观点看待教学，教学是一个动态的过程，会随着社会的进步、时代的发展而发生变化。但是变化的不是要素数量的增加，而是要素及其相互关系，先进技术运用并未改变教学要素的数量，而是仅仅改变了各要素的内涵及其相互关系，即信息化教学方式的要素与传统教学方式的要素是一致的，只是在不同的教学方式中各要素的含义和彼此间的关系发生了变化。

目前，有学者坚信信息化教学相比传统教学增加了一个要素，其原因在于：对除教育者、学习者、教育信息外的第四个要素的认识较狭窄，或囿于教学媒体，或囿于教学手段，或囿于教学方法，这里将第四个要素归结为教学媒体、教学手段、教学方法等的总和，即教育技术。

（三）信息化教学要素内涵的变化

信息化教学的要素与传统教学要素是一致的，仍然包括教育者、教育信息、教育技术和学习者等要素和目的、环境、噪声、评价、效果、反馈等因素，所不同的是：在以现代教育技术的应用为标志的信息化教学中，不仅教育技术发生了根本性的变化，其他要素的内涵也发生了变革。

1. 信息化教学中的教育者

传统教学中教育者指的就是教师，教师是教学权威，是教育信息的唯一来源，处于主体地位。从组成来看，信息化教学中教育者除教师外，还包括教学设计者、教育管理者、教材编制者等；从角色来看，教师不再仅仅是知识的传授者，而是学习者的导师、促进者、组织者，更是学习者、研究者；从地位来看，教师不再是高高在上的"权威"，而处于一种主导地位，是学习者智能的辅导者、认知的引导者、情意的诱导者；从素养来看，教师在具备传统的教学设计、教学监控、教学管理的能力外，在信息化教学中还必须具备信息化教学设计能力、具备一定的信息素养和媒体素养等。

2. 信息化教学中的学习者

传统教学中一般将教育对象称为"受教育者"或"学生"，其中"受教育者"意味着教育对象处于一种被动接受的位置。而"学生"这个概念中的"生"字意味着学习者在心理、生理上的不成熟，这种认识在20世纪中叶以前是可以的，而在其后随着终身教育、学习型社会等思想的普及，将所有的教育对象看成是"学生"就不合适了。在信息化教学中作者称之为"学习者"，这意味着他虽然仍然是教育的对象，是教育信息的接受者，是教学的客体，处于"学"的位置，但这不表示他被灌输，相反他是教育信息的探寻者，在学习活动中处于主体地位，学习方式上不再是无意义的接受学习，利用探究学习、自主学习、合作学习等学习方式建构知识。学习者不仅包括未成年人，也包括各类成人学习者，信息时代的任何人都必须是终身学习者。

3. 信息化教学中的教育信息

传统教学中的教育信息是单一的，主要是指课本上的知识，即教材，这也是有学者把教材列为教学要素之一的原因。在信息化教学中，教育信息指在教育系统中传递、交流的内容，既包括师生之间传授的知识、方法、技能等内容，也包括教育活动中产生的维持其活动的中介内容。传统教学中教师是教育内容的唯一来源，师生交流信息的方式以口语传播为主，在信息化教学中，教育信息的表现方式多媒化，文字出现后有了文字教材，视听教学中又有了幻灯、投影、广播、电视等，计算机及其网络出现后又有了数字化教材和网络课程。教育信息的传递途径立体化，教育者和学习者之间既可以方便地实现面对面的实时交流，又可以实现非面对面的交流，既可以方便地实现异地实时交流，还可以实现异地非实时交流。另外信息化教学教育信息还实现了处理方式数字化、存储方式光盘化、管理方式网络化等。

4. 信息化教学中的教育技术

由于传统教学特别是工业革命以来的教学都是以教师为中心的班级授课制，除了黑板和粉笔以外缺乏其他教育技术特别是物质形态技术的支持，所以有学者将教学手段（包括教学方法、教学环境等）这些非实体要素与教师、学生并列成为教学的要素。信息化教学是以现代教育技术的应用为标志的，即信息化教学是以现代教育技术为主的，适当结合传统教育技术（如黑板、粉笔等）。广义的教育技术包括物质形态的技术（如黑板、粉笔、幻灯、广播、录音、电视、计算机等）和智能形态的技术（如教学设计、教学策略、教学方法等），现代教育技术是指在现代教育思想指导下，把现代教育理论应用于教育教学实践的手段和方法体系。

第二节　信息化教学的结构与模式

一、信息化教学的结构

（一）信息化教学结构的相关概念

1. 结构的概念

"结构"一般指事物各个组成部分的搭配和排列，以系统论的观点看，结构是系统各个部分之间维系着的特定的关系构成，就是说系统中各个要素（部分）之间特定的相互关系与作用便形成该系统的结构。

系统科学中有一对范畴：结构和过程。结构是系统内部各要素的静态的、空间的组织和排列形式。《辞海》中关于结构的解释是："系统的结构可分为空间结构和时间结构"。这里的空间结构即为我们通常所说的结构，时间结构即为过程。过程指系统状态的变化，要素的动态展开形式。①

2. 教学结构的概念

教育结构有宏观、中观、微观之分，宏观上指教育体制的结构，中观上指教育管理的结构，微观上指教学课程的结构，微观教育结构即教学结构。所谓教学结构，是指在一定的教育思想、教学理论和学习理论指导下的、在某种环境中展开的教学活动进程的稳定结构形式。

3. 信息化教学结构的概念

从上述"结构"的含义看，它通常主要是指系统要素之间的关系构成，特别是静态的、空间的组织和排列形式，因此教学结构是指教学（系统）要素之间的关系构成。因而，教学结构是指在一定的教育思想、理论指导下，在某种教学环境下的教学系统各要素之间特定的关系构成。信息化教学结构则指在现代教育思想、理论指导下，在信息化教学环境下的教学系统各要素之间特定的关系构成。在此，现代教育思想包括素质教育思想、终生教育思想、创新教育思想、双主体教育思想、四大支柱教育思想等；现代教育理论包括现代教学理论（如发展教学理论、结构发现教学理论、教学最优化理论、多元智能

---

① 朱永海，张新明. 也论"教学结构"和"教学模式"［J］. 电化教育研究，2007（2）.

理论等）和现代学习理论（如行为主义学习理论、人本主义学习理论、折中主义学习理论、建构主义学习理论等）。

（二）信息化教学结构的类型

在信息化教学中，各要素的内涵已经发生了实质性的变化，由于教育技术（特别是现代教育技术）要素的凸显，除教育者与学习者的关系外，人技关系（即教育者与教育技术的关系、学习者与教育技术的关系）显得更为重要，处于主导地位。因此，划分信息化教学结构的类型不应再以人际关系（即教育者与学习者的关系）为依据，而是应以人技关系为依据，作者认为以人技关系为依据，信息化教学结构可以分为以教育者为中心、以学习者为中心、以教育技术为中心这三种信息化教学结构。

1. 以教育者为中心的信息化教学结构

以教育者为中心的信息化教学结构是在信息化教学环境中，教育者运用一定的教育技术向学习者传递教育信息的一种关系构成，具体如图1-1所示。

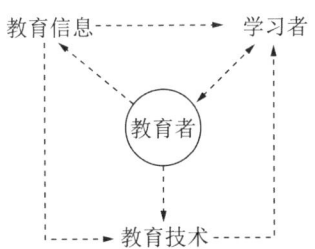

图1-1 以教育者为中心的信息化教学结构

图1-1中实线表示两个要素之间具有直接联系，虚线则表示间接联系，箭头表示发生联系的方向（图1-2、图1-3与此相同），图中表示出了以教育者为中心的信息化教学结构的以下特点：

（1）人技关系：教育者是教育技术的使用者、控制者，将其作为演示工具和辅助讲授的工具；学习者只能被动地看、听，教育者通过教育技术传递的教育信息，学习者没有教育技术的控制权和操作权。

（2）人、技与教育信息的关系：教育者是教育信息的制定者、拥有者、传授者，最突出的体现是教材由教育专家编写，教师主要传授教材安排的教学内容；学习者对教育信息没有选择权，只能被动接受；文字教材是教学内容的主要载体，可以说是教育者、学习者共同拥有的教学媒体（教育技术之一），承载其他教育信息的教学媒体仅仅是一个传递渠道。

（3）教育者与学习者的关系：教育者处于主体地位，学习者处于客体地位，教育者是教学过程的核心、权威，学习者的主观能动性没有得到发挥。

以教育者为中心的信息化教学结构与何克抗教授、余胜泉博士提出的以教师为中心的教学结构①②的不同在于：前者是在以现代教育技术的应用为标志的信息化教学环境中，教育者除教师外，还包括教学设计者、教育管理者、教材编制者等；教学媒体不仅仅是传统的粉笔、黑板、幻灯、投影，还包括计算机、多媒体教室、网络等。在这些现代信息技术环境下，大量教学结构仍然是以教育者为中心的，如多媒体教室中的教学只是板书"搬家"到投影屏幕上、网络课程只是教材搬到电脑屏幕上等。

典型的以教育者为中心的信息化教学结构如下：在多媒体教室中，投影屏幕代替了黑板，粉笔字变成了利用 PPT 展示的屏幕文字，教师掌控课堂、操作计算机、播放 PPT 或其他资料，学习者在被动地听的同时，还在不停地"做笔记"——抄下大屏幕上的文字。

以教育者为中心的信息化教学结构的优点是有利于系统地传授知识和技能，容易发挥教师的主导作用等。其缺点是忽视学生的主体地位，容易造成"电灌"的现象等。

2. 以学习者为中心的信息化教学结构

以学习者为中心的信息化教学结构是在信息化教学环境中，教育者、学习者运用一定的教育技术相互传递教育信息的一种关系构成，具体如图 1-2 所示。

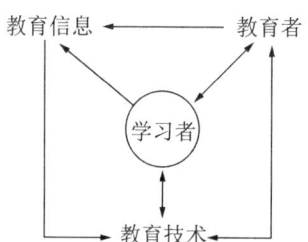

图 1-2　以学习者为中心的信息化教学结构

图 1-2 中表示出了以学习者为中心的信息化教学结构的以下特点：

（1）人技关系：教育者、学习者都具有教育技术的使用权、控制权，教育技术成为除面对面交流外的另外一种教育者和学习者进行信息交流的通道；教育技术不仅是教育者的教学工具、辅助工具，而且是学习者的学习工具、认

---

① 何克抗，吴娟．信息技术与课程整合［M］．北京：高等教育出版社，2007：65.

② 余胜泉，马宁．论教学结构——答邱崇光先生［J］．电化教育研究，2003（6）.

知工具，更是教育者和学习者的交流工具、互动工具。

（2）人、技术与教育信息的关系：教育者是教育信息的组织者、引导者；学习者不仅可以从教育者获得教育信息，更多是从教育媒体获得教育信息，成为信息加工的主体；教育技术不仅是各种"工具"，更是教育信息的载体。

（3）教育者与学习者的关系：教育者是学习者学习的帮助者、促进者，处于主导地位，学习者可以自主选择学习内容、自定学习步调，处于主体地位。

以学习者为中心的信息化教学结构与何克抗教授、余胜泉博士提出的以学生为中心的教学结构的不同在于：以学习者为中心的信息化教学结构并不是走向以教育者为中心的信息化教学结构的对立面，而是对以教育者为中心的超越，在发挥教育者主导性的同时，体现学习者的主体性，以学习者为中心的信息化教学结构对教育者的要求比在以教育者为中心的信息化教学结构要高，要求教育者成为良好的组织者、指导者、意义建构的帮助者、促进者。以学习者为中心的信息化教学结构更接近于何克抗教授、余胜泉博士提出的主导—主体相结合的教学结构。

典型的以学习者为中心的信息化教学结构如下：在程序教学、基于多媒体课件（非演示型）的教学，教育者精心挑选教学内容、设计程序教材或多媒体课件，学习者通过程序教材或多媒体课件进行自定学习，并能及时地从教育者那里获得指导。

以学习者为中心的信息化教学结构的优点是有利于培养学生的能力，容易调动学生的积极性和主动性等。其缺点是对教师、教育信息资源的要求高，否则容易偏离教学目标等。

3. 以教育技术为中心的信息化教学结构

以教育技术为中心的信息化教学结构是在信息化教学环境中，教育者、学习者运用一定的教育技术间接相互传递教育信息的一种关系构成，具体如图1-3所示。

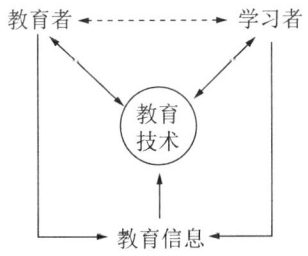

图1-3　以教育技术为中心的信息化教学结构

图1-3中表示出了以教育技术为中心的信息化教学结构的以下特点：

（1）人技关系：教育技术决定教/学方式，教育者与学习者通过教育技术间接联系、交流信息；教育技术充当了"电子导师"的角色，是学习者的智能导师。

（2）人、技术与教育信息的关系：教育者通过教育技术展示教学内容，学习者通过与教育技术的交互获得知识技能；教育技术既是教育信息的载体，也是教育者和学习者的工具。

（3）教育者与学习者的关系：学习者具有更大的自主权，教育者成为存在于学习者背后的支持者和"隐形导师"。

典型的以教育者为中心的信息化教学结构是：在广播电视大学的电视教学、网络教育学院的网络教学（基于网络课程）中，教育者将优秀的教育教学资源通过教育技术（如电视片、网络课程）传递给学习者，并通过各种方式向学习者提供所需的支持，学习者利用教育技术进行自主学习并与教育者、同学进行交流。

以教育技术为中心的信息化教学结构的优点是有利于发挥各类教育技术的独特作用，容易扩大教育规模等。其缺点是对教育技术的制作要求高，不利于教师监控教学过程。

二、信息化教学的模式

（一）信息化教学模式的主要概念

1. 模式与教学模式的概念

（1）模式

模式方法是现代科学研究方法论中的一种重要研究方法。关于什么是模式，目前还没有公认的定义。通常把模式定义为：再现现实的一种理论性的简化形式。一种模式蕴涵着某种显现的或潜隐的理论倾向，代表某种对象的活动结构或过程，它提供一种框架，我们可以据此来思考问题。模式通常用语词的形式、图解的形式或数学的形式来表示。模式的建立，首先要把复杂的事物、现象分解为若干个组成要素；其次，要找出这些要素之间的相互关系，并用理想的、简化的形式表示出来。

（2）教学模式

教学模式是指在相关教学理论与实践框架的指导下，为达成一定的教学目标而构建的教学活动结构和教学方式。一个完整的教学模式应该包含理论基础（教学模式所依据的哲学、心理学、教育学、技术学等方面的基础）、目标倾向（实现特定的教学目标，一般是促进学习者的高阶能力发展）、实现条件（教学模式发挥功效的各种条件的优化组合结构）、操作程序（特定的教学活动程序或逻辑步骤）和效果评价（评价的标准和方法）五个基本构成部分。

2. 信息化教学模式的概念

信息化教学模式是教学模式在信息化条件下的新发展，是基于技术的教学模式或数字化信息化学习模式。信息化教学模式是指技术支持的教学活动结构和教学方式。它是直接建立在学习环境设计理论与实践框架基础上，包含相关教学策略和方法的教学模型。

信息化教学模式的特点是以学生为中心，通过变革学习方式（包括教学方式、信息内容呈现方式、师生互动方式和评价方式等），以促进学习者发展适应信息时代所需的知识、能力和素质。其根据现代化教学环境中信息的传递方式和学生对知识信息加工的心理过程，充分利用现代教育技术手段的支持，调动尽可能多的教学媒体、信息资源，构建一个良好的学习环境，在教师的组织和指导下，学生充分发挥自身的主动性、积极性、创造性，对当前所学的知识进行意义建构并用所学知识解决实际问题。

（二）信息化教学模式构建的三大支柱

素质教育、建构主义学习理论和信息技术是信息化教学模式构建的三大支柱。

1. 理念支柱——素质教育

所谓素质教育是根据社会发展和人的发展需要，以全面提高全体学生的基本素质为根本目的，以弘扬学生的主体性为主要运作精神。注重潜能开发和健全个性发展，注重培养创新精神和实践能力为根本特征的教育。素质教育理念是统筹、反映现代教育理念的代名词。素质教育的核心理念主要有以下几点。

第一，强调教育的基本功能是促进人的发展。重视学习者的全面发展、全体发展和个性发展。

第二，以提高国民素质为根本宗旨。强调培育适应时代发展和个人发展的素质，如学会学习、学会做事、学会协作、学会发展等，尤其以培养创新精神和实践能力为重点。

第三，以学生为本。尊重每个学生独立的人格价值和独特的品质，使每个学生得到尽可能全面的发展，获得相应的价值；确立学生在教育教学过程中的主体性地位和作用，尊重和培养学生的自主性和创造性；回归学生的学习主动权，把学习变成一种人的自主性、能动性、独立性不断生成和发展的过程，从而使学习成为一种发自内在的精神解放运动，培育终身学习和独立学习的愿望和能力。

第四，追求卓越。素质教育是追求卓越的教育，在强调全面发展和全体发展的同时，更加重视个性发展和潜能开发。

第五，创新教育是核心。培育创新人才是素质教育的主要目的。创新人才必须具备创新意识、创新人格和创新能力三个基本条件。因此，素质教育注重培育学生的问题意识、批判意识和超越精神，引导学生质疑、调查、探究，促进学生进行主动的、富有个性化的理解和表达，引导学生从事实验和实践活动，培养学生乐于动手、勤于实践的意识和习惯，从而切实提高学生的动手能力和实践能力。

2. 理论支柱——建构主义学习理论

建构主义学习理论的贡献在于对信息化教学提供了模式和方法的选择。建构主义学习理论由瑞士心理学家皮亚杰最早提出。苏联教育心理学家维果斯基和美国教育家布鲁纳也对建构主义学习理论的发展做出了巨大贡献。

在建构主义学习理论中，学习者与周围环境的交互作用对于理解学习内容和知识的意义起着关键作用。学习是个体主动建构的过程，这种建构一方面是对新信息的意义的建构，同时又包含着对原有经验的改造和重组。整个学习过程可分为"情境""协作""会话"和"意义建构"四个基本要素。教师要利用这四个要素充分发挥学生的主动性、积极性和创造性，最终使学生完成对当前所学知识的意义建构，实现教学目标。

3. 技术支柱——作为学习工具的信息技术

学习工具是指有益于学习者查找、获取和处理信息，交流协作，建构知识，以具体的方法组织并表述理解和评价学习效果的中介。学习工具的种类很多，在信息化教学模式建构与实践中，比较注重信息技术作为学习工具的设计与应用。信息技术作为学习工具，是使学习者用技术学习，而不是从技术中学习。因此，在信息化教学设计与应用中应注重以下三点。

（1）充分发挥信息技术作为各种学习工具和促进学习者学习的作用。

（2）在学习、教学中融合一系列的认知工具，以帮助学习者开拓思维活动。

（3）为学习者提供一系列通信方式，以支持学习者之间的交流与协作，共享信息和知识建构。

（三）常见的信息化教学模式

根据信息化教学的理念和信息化教学环境的特点，结合传统的教学模式，信息化教学模式可以归纳为以下几种。

1. 讲授型教学模式

讲授型教学模式沿袭传统的课堂教学模式，这种集体的讲授方式有其独特的优点。讲授型教学模式可用于一定规模的学生在短时间内接受系统知识、技能的培训，被认为是最为经济的教学模式之一。但基于网络的讲授型教学模式与传统课堂"填鸭"式的教学有很大的不同。传统的课堂讲授往往是教师处于主动地位，学生只是被动接受；在网络环境中，则可以利用网络所提供的功能进行双向主动教学，而且还可以突破传统课堂的人数、时间、地点等的限制。

2. 个别化教学模式

个别化教学模式是一种以学习者为中心并关注学习者的需要，根据学习者差异性设计个别化教学方案的教学操作结构。在信息化时代，个别化教学可以在学生和教师之间通过异步非实时的措施实施，也可以通过在线交谈方式实时实现。个别化教学的具体实施过程包括以下五个过程：

（1）教学目标的确立。确立教学目标的第一步是目标行为的初步确立，根据目标行为，了解学生已经具备的基础，测量与评定学生的当前能力，制定长期目标和短期目标。

（2）学生编组。在当前的教育环境下，要做到"一对一"的因材施教是不现实的，所以，可以根据不同学生的客观需求，考虑现实的教学条件，对学生进行合理的编组。

（3）选择教学内容。教师可以根据学生的具体情况，适当地调整教学内容，找到适合学生学习风格的教学内容呈现方式，找出教学的重点和难点，灵活地调整讲解内容及操作方法。

（4）教学方法的选择。在个别化教学中，教师可以采用学教互动的教学策略，充分利用创设情境、小组合作等教学手段，使课堂变得更加生动、活泼、富有感染力。

（5）教学评价。个别化教学可以设定动态和多元化的评价体系。

3. 基于项目的教学模式

基于项目的教学模式是指以学习、研究某种或多种学科的概念和原理为中心，以制作作品并将作品推销给客户为目的，在真实世界中借助多种资源开展探究活动，并能够在一定时间内解决一系列问题的一种教学、学习模式。基于项目的学习模式主要由内容、活动、情境、结果四大要素构成。内容是指在现实生活和真实情境中表现出来的各种复杂的、非预测性的、多学科知识交叉的问题；活动主要是指学生采用一定的技术工具（如计算机）和一定的研究方法（如调查研究）对问题所采取的探究行动；情境是指注重促进学生之间的合作学习，同时也支持学生的个别化学习；结果是指有丰富的学习成果，把学生掌握的丰富的工作技能运用到终身学习中。

基于项目的教学模式流程为选定项目→制定计划→活动探究→作品制作→成果交流→活动评价六个步骤。基于项目的教学模式提供真实的内容和技能应用情境，强调以学生为中心。教师根据学生的特点将教学内容重新整合，精心设计教学项目，让学生在项目中自主建构知识和技能。教师在教学过程中需要对项目进行分解并示范，使学生在参与项目的过程中体验完整的工作过程。从前期的规划设计、实施，到最终取得成果，在此过程中培养学生认识问题、分析问题和解决问题的能力。

4. 基于问题的教学模式

基于问题的教学模式（PBL）是指把教学、学习置于复杂的、有意义的问题情境中，通过让学生以小组合作的形式共同解决复杂的、实际的或真实的问题，来学习隐藏于问题背后的科学知识，发展解决问题能力的一种教学、学习模式。基于问题的教学模式有三大要素：教师、问题情境和学生。问题情境是课程组织的核心，学生是问题求解者，主动参与整个学习过程；教师作为指导者和学生的榜样，通过提问引导、监控学习，鼓励和激发学生思考，使课堂学习活动顺利进行。教师在整个学习过程中，必须明确和掌握问题设计、学习目标设计、信息技术与基于问题的教学模式整合设计和评价设计。基于问题的教学模式的具体流程为以下五个过程。

（1）创设情境，提出问题。教师利用信息技术，根据教学内容创设情境并提出引导性的问题，学生在分析问题情境的基础上，确定自己所要研究的问题；也可以是学生自己对某种现象或某个情境提出问题，并在教师的帮助下对问题进行界定。

（2）界定问题、分析问题、组织分工。对问题进行方案设定，根据学生的兴趣和能力，进行异质分组，形成学习小组，并进行成员任务分工，列出已知信息以及需要做的事情，确定研究计划和安排。

（3）探究和解决问题。学生通过各种途径收集与问题相关的信息，对所收集的信息进行分析、整理、评价，把整理后的新信息与旧的信息（即已有的信息及学生的原有认知）进行整合，综合形成最终的解决方案，解决问题。

（4）展示结果和成果汇报。以多种方式陈述、展示小组对解决问题的建议、推论或合适的解决办法。

（5）评价与反馈活动。小组之间共享创建的解决方案，并对解决方案采用书面考试、操作考试、概念地图、口头陈述、书面报告或个性化作品等方式进行评价。

5. WebQuest 教学模式

WebQuest 可以翻译为"网络专题调查""网络探究",最初由美国圣地亚哥州立大学的伯尼·道格（B. Dodge）和汤姆·马奇（T. March）等人提出，是一个以调查研究为导向的学习活动。WebQuest 教学模式以"发现学习理论""做中学""合作学习理论"和"建构主义学习理论"为指导，其要求教师将学习问题或课题项目放置在一个相关背景或生活情境中，学生之间利用网络教学资源，相互协作探究，共同解决问题，完成对知识的构建。WebQuest 教学模式主要关注的是如何运用信息，以帮助学习者锻炼分析、综合和评价等高阶能力，而不仅仅是搜集信息。WebQuest 在教学中的应用有以下两点。

（1）在 WebQuest 中，一般要遵循五个原则：第一，寻找优秀网站，为了帮助学生高效地完成任务，教师给出相关的教学资源、教学课件、参考书、技术论坛等信息资源链接，这些资源都是教师事先经过筛选，精心设计与归类的，以避免学生在网上漫无目的的查找资料。第二，有效地组织学生和学习资源，学生之间要分工明确、相互合作、相互交流、责任到人。第三，挑战学生思维，教师给学生分配一项具有挑战性的任务，学生设计出具有可操作性的实施方案。第四，选用媒体。WebQuest 中不限于使用网络资源，还可以通过书籍、聊天软件、电子邮件等和不同区域的学生之间进行交流。第五，支持学生达成高水平学习期望。利用 WebQuest 可以让学生做一些平常他们不敢想象的事情，当然，条件是教师必须帮助他们搭建"脚手架"。

（2）一个 WebQuest 必须包括导言、任务、过程、资源、评价、结论六个部分。导言给学生指定方向，通过各种手段提高学生的学习兴趣；任务是学生在完成学习行为后的最终结果，可以是口头报告、作品等；过程是教师勾勒学生完成任务所要经历的步骤，以及完成学习任务的过程和任务分块的策略，从学生所扮演角色或看问题的视角进行描述等；资源主要是网络资源清单；评价主要是指为测评、证明学生进行网络探究学习的效率和效果，而采用的多样化评价方法，结论主要是教师对学习小组的研究成果进行一对一反馈，并要求学生撰写心得体会和总结材料，对探究过程进行反思。

6. 基于案例学习的教学模式

基于案例学习的教学模式（即案例教学），其思想与基于问题的教学模式相类似。案例教学是根据一定的教学目标，选择合适的案例进行教学的一种教学方法。案例教学不仅是一种教学方法，而且也是一种自我学习的方法。

案例教学是教师、学生、案例三者之间的互动过程。教师是教学活动的引导者和协助者；学生是主动者和主导者；案例是教学、学习的情境。

案例教学的过程包括课前准备、课堂教学、课后反思三个环节。课前准备是指教师熟悉案例教学的内容、确定教学的重点与难点、设计教学实施的过程；在课堂教学中，教师的任务是通过提问等方式了解学生对案例的掌握程度，引导和帮助学生理清讨论的思路，调控课堂讨论的过程，随时观察学生的课堂表现情况；学生的任务是积极倾听教师和他人讲解的内容，积极有效的参与讨论，发表自己的观念，并进行有效的反思。课后反思除了学生的反思之外，教师也要反思。

案例教学的关键是教学单元的设计。将整门课程分解为若干个相对完整的教学单元，每个教学单元都有明确的教学目标与教学内容，按照一定的教学程序进行教学。信息化教学单元教学设计的内容包括信息化教案、教学平台、学生电子作品、教学实施方案和教学资源库等。教学单元一般包括教学任务、教学过程与教学评价等。

7. 基于概念地图的教学模式

概念地图也称"心智/思维地图""心智/思维工具"，它是诺瓦克（J. D. Novak）根据奥苏贝尔的概念同化理论开发的一种符合建构主义认知观的认知工具或知识组织和表征工具，或者说概念地图是指围绕特定主题创建知识结构的一种视觉化表征。

概念地图的构成主要包括节点、连线和标注。节点表示概念，通常用几何图形、图案和文字等符号表示；连线用于连接节点，表示两个概念之间存在的某种关系，连线可以是单向的、双向的或非方向的；标注指连线上的文字，是概念之间的文字描述。概念地图按照结构分为层次型、流程图型、系统型及3D型等。在教育领域应用最广泛的是层次型概念地图。

概念地图的创建可以采用手工方式（粉笔、黑板、纸和笔等）绘制，也可以利用计算机软件绘制。创建概念地图常用的软件有办公应用软件（如Office、WPS等）以及专用软件（如Inspiration、Mind Manager等）。

8. 基于电子学档的教学模式

档案袋最初应用在哈佛大学教育学院艺术教育工程的"零点项目"中，它以文件夹的形式收集学生的学习成果以及学习反思，对学生取得的进步给予真实且连续的评价，为学生技能的培养提供了记录，也帮助学生逐渐成为独立自主的学习者。随着计算机技术和网络技术的迅速发展，以数字化形式记录的学生学习档案——电子学习档案袋（E-Learning Portfolio）应运而生。电子学习档案袋又称电子学档，是指信息技术环境下，学习者运用信息手段表现和展示学习者在学习过程中关于学习目的、学习活动、学习成果、学习业绩、学习付出、学业进步以及关于学习过程与学习结果进行反思的有关学习的一种集合体。电子学档的教学模式涉及教学内容、方法、手段、实践和综合考评等方面。

第三节　信息化教学的理念和策略

一、信息化教学的理念

现代教学理念是随着教学理论的发展而不断发展的，现代信息化教学的基本理念是"以人为本"的教学理念，主要体现在以下几个方面。

（一）重视学生的主体地位

在以往的传统教学中，其主要强调的是教师的"教"，随着教学理论的不断发展，学生的地位越来越重要。在现代教学中，学生是个性丰富，鲜活的、具体的、不断发展的认识主体，他们是独立的群体和个体，具有较强的主观能动性。在教学过程中，教师应该充分发挥学生的主体地位，不断促进学生自主性、主动性和创造性的发展。

（二）由侧重知识和技能的传授转向学生自主建构知识

近些年来，教学理论受到了建构主义学习理论的影响，强调学生通过自己主动进行建构学习知识。即在教师和同学等人的帮助下，学生通过学习资料的辅助来不断实现自主学习。

（三）由被动接受式的学习转变为探究、自主、合作式的学习

在课程实施方面，教学要改变以往过于强调死记硬背、接受学习、机械训练的状况，鼓励学生乐于探究、主动参与、勤于动手。教师要对学生在信息收集和处理方面的能力、学习新知识的能力、对问题进行分析和解决的能力以及合作和交流的能力进行培养。这就要求教师要对过去的教学方式进行改变，采用信息化教学的方式来对学生的探究学习能力、自主学习能力和合作学习能力进行培养。此外，教师还要从诸多方面来对学生的合作学习、主动探究的意识进行培养，让学生意识到只有积极主动地学习才能够适应信息化社会的需求。

（四）重视教学活动的多样性

我国传统的教学活动主要是侧重于知识的"授—受"活动。而现代教学

活动的主要观念是要求在教学中，教师要对活动的多样性和重要性有充分的认识。教师要设计一些具有多种性质的活动，在活动中组织学生参与各种形式的学习，使学生的自觉性和主动性能够在活动中得以充分发挥出来。教师要对学生的创新精神、创新意识、创新能力进行培养，以更好地促进学生的能力、知识和个性得以全面发展。

（五）注重发挥学生的主观能动性

在具体的教学过程中，教师要使学生的探究激情和学习兴趣得以激发出来，对学生的个性和特长予以充分尊重，促使学生积极参与学习，使学生的潜能可以最大限度地发挥出来。通过采用多媒体技术，教师可以使学生的学习兴趣得到很好的激发，同时采用多样化的教学方式来更好地促使学生更加主动积极地对知识进行自主探究。

（六）注重师生交流的互动性

师生之间进行多样化的交流，能够促使师生的心理距离得以缩短，促使学生的学习兴趣得到增强。教师要使学生在学习的过程中进行生活经验共享，对学生的知识结构进行完善，促进学生的社会性学习，发展学生的社会性素质。

对教师来说，通过相互交流平等的交往，能够帮助教师和学生相互学习，共同提高。

二、信息化教学的策略

（一）方法型信息化教学策略

方法型信息化教学策略是指在信息化教学情境中以方法为中心的策略。方法型信息化教学策略即信息化教学方法。常见的信息化教学方法有讲授演播法、探究发现法、问题教学法、程序教学法、微型教学法、模拟训练法、成绩考查法等。

（二）内容型信息化教学策略

内容型信息化教学策略是指在信息化教学情境中以教学内容为中心的策略，一般包括内容的选择策略和各部分内容顺序的安排策略。在信息化教育发展史上，程序教学的许多观点涉及教学内容的精心选择、教学内容的安排程序等，程序教学所提出的内容顺序安排策略包括：（1）直线式教学策略；（2）分支式教学策略；（3）衍支式教学策略。

（三）形式型信息化教学策略

形式型信息化教学策略是指在信息化教学情境中以教学组织形式为中心的策略。教学组织形式可定义为教学活动中师生相互作用的结构形式，或者说是师生的共同活动在人员、程序、时空关系上的组合形式。以往的研究把教学组织形式分为集体教学、小组教学和个别教学三种类别，其依据是师生的共同活动在人员上的组合形式，并且这些"组合形式"一般是在师生人员上的组合形式。

在信息化教学情境中，由于技术的使用，师生既可以组合在同一时空下，还可以在时空分离下完成教学，师生之间实现间接交往，即师生不在同一时空下。据此形式型信息化教学策略又可以分为：（1）面授式教学策略；（2）远程式教学策略；（3）混合式教学策略。

（四）任务型信息化教学策略

任务型信息化教学策略是指在信息化教学情境中以教学任务或学习类型为中心的策略。教学任务或学习类型可以有多种不同的分类体系，如坦尼森（Tennyson）提出的五种教学策略（讲解性策略、练习性策略、问题定向性策略、综合能动性策略）的依据就是教学任务的类型。

在信息化教学情境中，教学任务或学习类型一般可分为操练与练习型、指导型、咨询型、模拟型、游戏型、问题求解型等，所以任务型信息化教学策略就包括操练与练习式、指导式、咨询式、模拟式、游戏式、问题求解式等教学策略。

（五）综合型信息化教学策略

综合型信息化教学策略不是按照教学过程的某个构成因素为中心，而是直接从教学的目标、任务出发，综合地展开的教学策略。如加涅于 1968 年从"九种教学事件"中引出的九种教学策略等。

第二章 信息技术与高校英语教学的整合

现代信息技术具有丰富、生动、形象的特点，可以展示图像、声音和动画等多种信息，使英语教学具有了更广阔的天地。利用信息技术进行英语教学的整合是培养学生综合能力的需要，也是新课改的需要。本章主要论述了信息技术对教学的影响、信息技术背景下高校英语教学的现状、信息技术与高校英语教学整合的意义和目标、信息技术与高校英语课程整合的策略分析等内容。

第一节 信息技术对教学的影响

一、信息技术对教学环境的影响

（一）教学环境的构成要素

教学环境是指学校教学活动所必需的客观条件的综合。它的建立是以人的身心发展需求为依据的，和其他的环境不同，它的环境内容、环境主体和环境区域都是其特有的。

教学环境的特殊性为师生活动打下了基础，影响着教育学的效果，而且还把教学的活动引向了各种不同的境界。虽然教学环境对教学的影响有时候并不是立竿见影的，但是仍然不能忽视其潜在的影响。所以，对组成教学环境的要素及其作用进行充分的认识，不仅可以提高教学的效果，还可以增加教学的艺术性。

教学环境这一系统非常的复杂，在构成教学环境的因素方面，每个研究人员都有自己独到的见解。不论是从主体结构方面还是从内容构成方面来进行研究，它们的组成要素都不是独立存在的，这些要素存在于教学活动之中，相互制约、相互影响、相互作用，以一个整体的形式存在于老师和学生的认知、行为以及情感之中。教学环境主要有生理环境、物理环境、心理环境三方面内容。

（1）生理环境。即个体自身的生物特点，每一个人的生理都是非常独特的，当一个人处于教学之中时，他们所展现出来的外在表现也是各不相同的。生理环境是教学环境的一个方面，身体素质的好坏对教学活动是否能够取得成功有着决定性的作用。

（2）物理环境。物理环境是教学环境中有形的、静态的硬环境部分，也是常说的狭义的教学环境，如自然环境、设施环境、时空环境。

（3）心理环境。心理环境是教学环境中无形的、动态的软环境部分。

（二）信息技术支撑的教学环境

在信息技术的建立和教学环境的支持下，课程与信息技术才能够得以整合在一起，其中信息技术的建立和教学环境的结合就是信息化教学环境。通常认为，信息化的教学环境一定会有处理和传递信息的功能、教育信息存储、能满足学生数字化学习需要的信息性质的环境，主要包括校园网、多媒体计算机网络教室、电子阅览室、常规电教室、远程教学信息网络系统等。需要指出的是，这里所说的信息技术支撑的教学环境，不仅包括硬件系统，还包括软件系统和人机环境，是一个由三者组成的有机综合系统，每一个要素之间相辅相成，既相互制约又相互联系，以有机整体的身份在教学中发挥着各自的功能。与传统的教学环境相比，其优势是显而易见的——使共享学习资源的通信功能大大增强了，教学设施真正地实现了网络化，多媒体学习在信息化教学环境的推动之下更加完善了。

1. 信息技术支撑的教学环境的组成

（1）多媒体综合教室

基本组成：1）简易型，投影器、银幕、电视播放系统，音响系统、VGA－TV 转换卡、计算机；2）标准型，综合控制平台、视频演示仪、大屏幕投影电视/背投电视（以简易型为基础）；3）多功能型，带平台的摄像枪、闭路电视系统、学生信息反馈控制器，根据需要可选择与局域网、校园网、互联网相连；4）学科专业型，以简易标准型为基础，再加学科专用设备。

多媒体综合教室是一种信息化教学环境，建立在课堂教学基础之上，可以满足多媒体组合教学要求，从而实现信息在显示方面的多样化。多媒体的教学环境有利于教师选择适合上课内容的媒体，使教学效果最优化。比如，音乐教学，教师就可以通过操控多媒体设备，根据需要自由地使用音频、视频、文字、动画、录音、投影等手段来展示教学的内容，既生动，又形象，大大提高了教学的效率，对于一些教学中的难点、重点能够轻易破解，教学效率和质量都得到了提高。

（2）电子媒体阅览室

基本组成：控制中心、多媒体计算机、电视播放系统、音响系统、媒体资源中心，资源中心还有校园网、互联网。

这种学习环境适合个别化的学习，学习者可以根据喜好及需求自由地选择学习的媒体，可以选择电视机、计算机、录像机等一些现代化的教学媒体自主地学习。主动、积极地进行学习，将学习者的主体地位表现得淋漓尽致。控制中心还可以根据学习者需求将相应媒体信息输入到多媒体的教学设施中，学习者可以任意地听、看，这样，学习的资源不仅得到了共享，而且被利用的效率也大大提高。

（3）多媒体网络教室

基本组成：多媒体计算机、控制平台、网络服务器等。教学应用特点：这是一种基于协作学习和自主学习的教学环境。

图像、声音、动画、文字等多媒体信息可以在网络教室系统的作用下被传送到学生终端机，对教师的课堂教学起辅助作用。学生可以根据需要在共享资源中选取适合自己的资源，这样个别化学习需求和资源共享就同时得到满足；网络教室系统还有进行小组学习讨论的功能。有一些比较高端的网络系统，还可以进行信息反馈分析和教学测试活动。

（4）双控闭路电视环境

基本组成：双向控制主机、分控终端、对讲系统、摄像机、录音机、录像机、DVD、VCD、电视机、多媒体计算机、信号调制系统（调制器、混合器）等。教学应用特点：这是一种基于开放性播放式的教学环境。录像机的控制点分别设置在控制室和教室，这样教师在上课的过程中，就可以根据需要对教室内的 DVD、VCD、多媒体计算机、录像机等进行遥控，而控制室则可以根据课程表的排课情况对各个教室使用播放设备进行授权。教师还可以根据教学内容的需要选择合适的视频节目，对节目的播放过程进行掌控。

2. 信息技术支撑的教学环境的特点

信息技术为教学环境建设增添了新色彩，让教学的环境有了巨大的改变。数字化的教学过程、传输、处理以及信息的显示都让传统环境望尘莫及。

（1）教学过程智能化

由于计算机辅助教学（CAI）系统在技术上以应用人工智能为主，实现了在教学过程中的自动化服务，这不仅可以对学生在学习方面有个大致的了解，还可根据其实际情况给出不同的教学方案及内容，让教学进度实时跟进，且教学方法和策略也会得到调整。人工智能技术大大节省了教师的时间，使教师有精力去设计和开发教学软件，更好地组织课堂教学。

（2）信息显示多样化

基于信息技术下的教学环境，不再是传统单一的文本信息方式，同时实现了图片、动画、视频等多种形象直接的显示方式，刺激学生的多种感知器官，从而使教学效率大大提高。

（3）信息处理数字化

传统模式下的课堂，教师和学生将大量的时间浪费到复杂的运算当中，而用于实际的内容和方法的教学少之又少，这样就使得学习效率降低，学生的学习积极性也被削弱。但是在信息技术的支持下，对那些图文声像等各类教学信息的记忆存储、复杂运算、逻辑判断等都进行了数字化处理，方便了学生理解和记忆的同时节省了课堂时间，为教师讲授内容和方法提供了充足的可能性。

（4）信息传输网络化

教学内容可以通过网络进行传输，实现了异地同步的教与学。网络化的传输可以实现文本、图像、视频和声音等的传播，支持群组传输和个别指导。不同地区的教师和学生可以共享优秀的教学资源，避免资源的重复开发。

（5）信息存储硬盘化。随着硬盘价格的降低，大量的教学信息利用硬盘进行存储。这样既节约了计算机的空间，提高了运行速度，又可以长久保存，随时调取使用。同时，非线性的查找方式也为调取信息提供了极大的便利。

（6）交互界面图形化

随着信息技术的发展，交互界面已经实现了图形化代替原来的文本，使整个界面更加人性化，操作也更快捷。

3. 信息技术支撑的教学环境的功能

（1）有利于信息反馈和教师的调控。在信息技术的支持下，利用网络的方便快捷优势可以快速地传递教师的指导和学生的反馈内容。特别是学生处于网络教室环境下的学习，教师可以利用网络教室的监控功能实时进行学习情况的指导和评价。

（2）有利于教学信息多样化显示。信息技术支持下的教学信息的显示方式不再局限于传统的文本形式，而是转变成图片、声音、视频动画等多样化的显示方式，让学生可以通过直接感知进行知识的获取，激发了学生的学习兴趣，提高了教学效率。

（3）有利于学生进行协商讨论。学生可以利用信息技术提供的多种网络交流平台，诸如QQ、留言板等，不再需要学生面对面地进行交流讨论，有效扫除了一些内向学生不爱发言的心理障碍，在保护学生隐私的前提下，让学生可以畅所欲言，尽情地发表自己的观点和看法。

（4）有利于教学资源的高度共享。在以往的教学中，教师如何把大量的资料和信息传递给学生，学生如何将自己的看法和心得与其他同学分享一直是教育者所注重的。而现代的信息技术就可以满足教师与学生的需求，它可以实现大容量的文件资源的传递与共享，在短时间内准确有效地将需要共享的信息传递给指定的人。

（5）有利于学生获取广泛信息。互联网上的信息是海量的，利用搜索功能（如百度）可以实现信息的获取，也可以利用网上发帖求助的功能实现向全球的用户提出问题，广交朋友。

（6）有利于学习者的积极参与。基于信息技术的多种强大功能，在方便教师和学生使用的同时激发学生的好奇心，让学生进行自主的学习与探索，使更多的学生参与其中，扩大了受众面。

（三）环境变化与教学模式创新

随着教学环境的变化，尤其是信息技术的引入为教学模式的创新带来了崭新的契机。同时，教学模式的发展也要求教学环境随之变化，二者相辅相成。首先，信息技术的快速发展为学生创建了一种新型的学习环境，它带来的多媒体教学环境下多样化信息显示方式、信息搜索方式以及快速的信息传输方式为学生进行自主探究、协作探究创造了前提条件。可以说，多媒体这一教学环境的开创，大大地推动了自主学习、合作学习和个性化学习模式的研究与发展。另外，信息技术下的知识信息多样化显示以及信息数字化功能，将传统课堂教学中复杂的原理、实验和规律简洁化，通过图像、视频动画等形象、直接的形式表现出来，刺激学生的多种感知器官，增加课堂趣味，让学生在生动有趣的学习氛围下自主学习，主动进行知识的建构，学习效果也就不言而喻。

同样的，教学环境的创建方向也受教学模式创新的影响，它是在教学模式的引领下开创的。随着教学理论深入化的研究和多样化教学实践的开展，学生对知识的需求量已经不能仅依靠原有教学模式的输入，因此就产生了新的教学模式，要使相应的教学环境适应新模式教学，就需要创建网络化、虚拟化以及趣味化的情景。多媒体教学环境是多种环境中的一种，教学环境不能拘泥于多媒体，而是要随着模式的发展而改变。

总之，教学环境与教学模式都是处于不断发展的动态变化中的，二者相互影响、相互促进，共同服务于信息技术时代的教育教学。教师要弄清二者的关系，努力创造新的教学环境以适应教学模式的发展。

二、信息技术对教学媒体的影响

"媒体"一词源于拉丁语"Medium"，意为两者之间，是指承载、加工和传递信息的介质和工具。广义的媒体是实现信息从信源到信宿的一切手段，包括书本、图片、电影、电视、计算机、网络、通信卫星等。

每一种新的媒体的出现，都会进一步增强人体功能的延伸，如摄像机的出现进一步增强了人眼的延伸，计算机的出现是人脑的延伸。毫不夸张地讲，媒体的出现，极大地改变了信息传播的模式，媒体在教育中的应用影响着人类知识的组织、传递与获取，提高了人们获取知识、读书学习的效率。

当某一媒体被用于教学目的时，就被称为教学媒体。习惯上，教学媒体有传统教学媒体与现代教学媒体之分。通常来说，把过去传统教学中常用的媒体称为传统教学媒体，如教科书、黑板、粉笔、挂图、标本和模型等，而将20世纪以来利用科技成果发展起来的电子传播媒体称为现代教学媒体，如幻灯、投影、电视、电影、无线电广播、计算机和网络等。教学媒体具有以下的教学功能特性：

（1）表现力：各类媒体在呈现事物的空间、时间、运动、颜色、声音等特征的能力方面是不同的。

（2）重现力：是指对信息的重现能力。如书本可以反复阅读，录音、幻灯可以反复重放。有些媒体不具备良好的重现性，如现场的无线电广播与电视广播。

（3）接触面：任何媒体都具有扩散的传播性，以各种符号形态把信息传递给受传者，只是不同媒体在传播的范围上各有差异。

（4）参与性：能在活动中给学习者提供参与活动的机会，包括行为参与和感情参与。

（5）受控性：使用者操纵控制媒体的难易程度。

（一）信息技术环境下的教学媒体

通常情况下，人们把信息技术环境下的教学媒体归类为现代教学媒体，又根据它们的表现方式不同，把它们分为视听媒体、交互媒体和远程教学媒体。

1. 视听媒体

视听传播教学中的媒体称为视听媒体。视听媒体是传递音像信息的媒体。这里所指的主要是现代视听媒体，如电视机、电影机、影碟机以及计算机等能同时播放视频和声音的媒体。视听媒体通常用来呈现过程，解释原理，可以产生时、空的自由变换效果。上下镜头之间的连接只要符合蒙太奇语言，即可方便地省去事物发展的某一过程，当然这一过程可能为时间过程，也可能为空间过程。例如，上一镜头为某人伸手开门，下一镜头此人已在室内走动，这里省去了开门、进门的过程，方便地从室外空间转换到室内空间。

可表现宏观、微观世界，展现正常情况下难以观察的变化。例如，星球运行规律、细胞分裂过程等。这是用传统的模型和挂图达不到的效果，生动、直观、逼真地再现了事物面貌。

可以定格（暂停）画面或反复重放，以利学习者更清晰地观察所需要进一步了解或复习巩固的部分。这样的功能有利于学生自学，尤其是对没有掌握或者存在疑义的问题可以反复推敲，用在体育技能的演示或分步演示比较广泛。

能让学习者有身临其境的现场感，特别是那些有毒、危险的环境，如山洪暴发等。一些危险的化学实验即使在学校的实验室演示也不能保证学生的安全，但是通过视听媒体可以清晰地展示操作过程，安全又可控。

2. 交互媒体

交互是指两个或两个以上的个体之间进行的双向信息交流。交互媒体是指媒体系统具备类似于机体的行为特征，能够独自与用户发生互动并相互影响。交互媒体在媒体与学习者之间构建起一个双向的通道，使学习者处在一个积极的学习状态中。学习者与媒体既是接收者同时也是信息的发送者，它们之间构成了一个信息流通的闭环系统。

计算机就是一种强交互性媒体，对学生的个性化学习起着促进作用。学生可以根据自己的需要，选择合适的学习工具，随时随地进行自主学习，不再需要传统模式下的教师统一教、学生统一学的方式，摆脱了存在的局限性。这样的环境给教师提供了因材施教的教学空间，同时对学生来说，这自由的不受约束的学习环境大大激发了学习兴趣，使其积极主动地参与学习建构活动。另外，利用个别化学习软件进行教学，把一些机械性工作事先编制成计算机程序，由计算机来完成，可以把教师从简单的重复劳动中解放出来，以便有更多的精力与时间从事教学设计。

个别化学习并不能忽视教师的作用，教师从"台前"走到"幕后"，主要体现为对学习活动的"预安排"，这种"预安排"是由教师花费成倍于课堂面授的精力去编写"课件"，而且往往需要教师具有更丰富的教学经验和对学习的科学理解。此外，个别化学习过程中教师仍要发挥指导答疑的作用，必要时还需要结合集体授课的方式，对学生个别化学习时反映比较集中的问题进行补充学习。

3. 远程教学媒体

在实现网络化远程教学时，使用的通信工具应符合相应的教学要求和自身的设备条件。一般在实施远程教学时，为了能更方便灵活地运用计算机网络通信工具进行交流，通常会选用诸如电子邮箱和 Web 浏览器等这种异步工具进行教学，不需要对方实时地进行信息接收，方便了彼此的时间安排。同时像这种通信工具，其通信成本都比较低，节约了大量资金投入其他设备的建设。

（二）媒体变化与教学模式创新

从我国悠久的教育历史来看，传统的教育媒体有黑板、挂图、模型等，当进入信息时代后，又出现了多媒体网络，通过引进多媒体，相应的传统教学思想、教学内容、教学方法等一系列教学模式都进行了一定的完善与改进，形成了一种适应多媒体教学的新型教学模式。在这种新模式带来的多样化的信息呈现方式以及多种便利功能的帮助下，教学过程得到了很大程度的优化，从而教学质量与教学效果也随之提高。

第一，新型的教学模式利用多媒体提供的网络教室，实现对教学情境的创设。教师利用多媒体教学软件向学生演示教学内容，进行标准示范，在一定程度上优化了课堂演示模式，方便了教师的课堂教学。

第二，多媒体为教师进行因材施教的教学提供了前提，促进学生个性化学习。学生通过计算机提供的学习软件进行自主学习，同时教师可以运用其监控功能对学生的学习情况进行实时监控和指导。这种多媒体交互性有效地促进了个别化教学的发展，是现在多媒体教学模式下频繁使用的一种主要模式。

第三，多媒体实现了师生在不同空间背景下的远程网络教学。学生运用提供的学习平台，选择符合自身需求和水平的学校与教师，进行自主学习或协作学习，这样有利于学生灵活地安排自己的学习时间。另外，网络技术还实现了单个计算机多媒体教学课件的多人共享，不再需要每个教师都进行教学课件设计，节省了一定的时间。此外，借助网络技术，还可以根据需要"量身定做"适合网络远程教学使用的网络课程，促进网络教学模式的进一步研究与创新。

由此可以进行总结，教学模式的创新需要在多媒体技术的引领下，教学媒体不变化的情况下，教学模式同样不会发生变化。在多媒体技术快速发展的时代，其已经与课堂教学相融合，成为教师教学的好帮手，同时也是学生学习的好伙伴。然而需要警觉的是，对于多媒体这把"双刃剑"，该如何正确地使用它，怎样选择适合自身教学与学习的工具，这是一道必须要认真思考、慎重决定的难题。

三、信息技术对教学工具的影响

当某种器具或手段用于完成某一教学目的时，即为教学工具。如三角板、直尺以及教师的教鞭等。

（一）教学工具的分类

教学工具的分类方法有很多，如从学科角度，可以分为数学教学工具、物理教学工具和美术教学工具等；从用途角度又可以分为常规教学工具，如黑板、挂图、教鞭等，以及实验教学工具，包括酒精灯、吸管、凸透镜等；大多数学者将教学工具按时间发展来划分，分为传统教学工具和现代教学工具两大类。

（二）信息技术支撑的教学工具

从广义上讲，信息技术支撑的教学工具是指围绕教学设计开发的，协助教学活动进行的计算机软件类、一系列工具书类的工具。从狭义的角度来看，是指以各个学科的特点为中心，研究开发出不同的计算机软件类工具，以方便在学科教学过程中使用，诸如设计仿真实验室，让学生身临其境地进行学科实验。

教育的信息化必然要求教学方法和手段的信息化，而教学工具的信息化是这两者实现的先决条件。在课堂上，在教学过程中和教师备课中常用到信息化教学工具，它们的出现使课堂变得丰富多彩，同时对教师也提出了更高的要求。下面我们就其中几个常用的信息技术支撑的教学工具加以阐释。

1. 信息检索工具——Google、Baidu 等

目前我国出现的网络信息检索工具是最流行也是最方便用户使用的工具，其中两大搜索引擎——谷歌和百度是迄今为止最大最著名的搜索引擎，可以借助这些有效的信息检索工具来搜索挖掘网络中蕴含的有价值的教育资源，以及教师教学过程中所需要的各种各样的资料信息。因此可以看出，网络时代教师的一项基本功就是运用网络信息检索工具来搜索引用网络资源。

2. 教学交流工具——E-mail、QQ、MSN 等

（1）E-mail。E-mail 这种方便快捷，不需要实时交流的网络交流方式已经广泛地运用于教育领域，是师生、生生交流的最基本的工具。它是以文本、多媒体文件等电子格式为载体，以因特网络为传输介质，将信息迅速发送给收件人，收件人无须同步收取，因此电子邮件以它的方便快捷、成本低等优点迅速流传开来。国内使用较多的是 QQ 邮箱、126 邮箱和 163 邮箱，国外则是 Gmail 和 Hot-mail 等。

（2）QQ、MSN。QQ 和 MSN 是可以实现双方远程的实时信息传输网络通信工具，两者在功能上大同小异。教师之间或者与学生之间可以通过 QQ 实现

信息的迅速传递，同时，QQ 还具备语音视频聊天、大容量文件的传送等多种快捷功能。另外，QQ 设计人员还考虑到要满足多人同步聊天而开发的群组功能，通过建立群组让工作小组或者专题小组的成员一同进群，就可以实现多人即时在线交流。这种功能强大、方便易用的网络通信工具正吸引着大量的包括学生在内的用户群体。在国外，学生间的交流多用 ICQ，它与 QQ 的功能类似，功能多样，又容易操作。

3. 工具变化与教学模式创新

与环境变化和媒体变化相比，这种信息技术支撑的教学工具可以在短时间内经过改造和重组变为一种全新的工具，方便教学使用，因此它的快速更新换代对与其作用的教学模式的创新有着最直接和频繁的影响。

其作用体现在教学工具的更新在一定程度上完善了原有教学模式，使其更加完整和流畅，同时也促进了新型教学模式的形成。因此教学模式创新的最有效的推动力就是教学工具的变化。但是应该警觉的是，对于教学工具不能过度依赖，更应该重视的是教学理论、教学策略以及教学模式等这些实质性的深层问题。

第二节　信息技术背景下高校英语教学的现状

一、信息技术背景下高校英语教学面临的问题

（一）在教学中的局限性

信息技术背景下的高校英语教学使学生能够通过不同的方式控制学习，如进行内容的选择、自主安排学习进度等。这种教学和学习方式能够提升学生学习的效率，对于因材施教也有着极大的促进作用。利用一定的信息技术，教师可以收集学生在学习中的不同信息，从而及时了解学生的学习情况，为后续教学提供资料。

需要引起注意的是，虽然信息技术在高校英语教学中有着显著的优越性，但是也存在着一定的局限性，具体表现在以下几个方面。

1. 信息技术无法涵盖所有教学领域

信息技术在高校英语教学的很多领域并不是万能的，这种局限在非逻辑判

断领域表现得异常明显。例如，在高校英语作文评价过程中，信息技术无法对学生的作文做出判断，也无法对句子之间的关联程度展开分析。甚至，文章内容与作文主题的关联程度，信息技术也无法做到准确判断。

2. 信息技术缺少对学生学习的监督

将信息技术应用到高校英语教学中，虽然对于个性化教学的展开大有裨益，但是其效果的达成仍旧需要以学生的自觉性为保证。这就是说，信息技术缺少对学生学习的监督，同时形式单调的信息技术应用会在一定程度上增强学生学习的疲劳度。

3. 信息化学习无法与学生进行情感沟通

信息化学习只是一种利用网络的学习方式，因此其无法和学生进行情感上的沟通。同样是对学生的夸奖，计算机的表扬效果不如教师面对面的夸奖。教师和学生在情感上的沟通与交流是信息化学习所不具备的。同样，计算机不能感应学生的情绪变化，并根据学生对知识的吸收程度来灵活调节上课进度。

4. 信息化技术难以形成教师的表率作用

教师是高校英语教学的重要指导者。中国古话有云："师者，所以传道授业解惑也。"为人师表，体现的就是教师对学生在品性上的影响。在正常的师生课堂交流过程中，学生会不自觉地学习教师的行为模式和为人处世的特点，从而提升自己的道德水平。这些都是信息化技术难以完成的。

（二）在课件上的局限性

信息技术在课件上也存在着一定的局限性。一般来说，信息技术在高校英语教学中的应用主要是通过课件的形式进行的。课件指的是在一定的学习理论指导下，根据教学目标设计的，从而反映某种教学策略和教学内容的计算机软件。一般来说，课件是由英语教师设计的。

将课件引入英语教学中，教师能够提高信息传输的效率，刺激学生对知识的吸收程度，从而有利于提高教学效果。但是，课件在高校英语教学中也存在着一定的局限性。

1. 缺乏动态控制能力

一个课件一旦形成，其流程就固定下来，在教学过程中不可能再发生变化。教学作为一种特殊的认识活动，师生都是活动的主体。课堂教学的精髓是师生的相互交流、相互影响，这就必然造成教学过程中事件的非预见性。

课件的设计不能把对这些事件做出的"反应"纳入可控流程，而恰恰是教学过程中这些非预见性的事件实现了教与学的全过程。这种固化了教学内容、策略以及知识表达呈现方式和顺序的形式，排斥了意外事件的发生，这实际是排斥了师生的相互作用，也降低了课堂教学的丰富生动性。当课堂上出现"预定"流程以外分支时，授课老师或者放弃做出反应，或者仍回到传统教学方式中。由此可见，课件这种形式缺乏对课堂的动态控制能力。

2. 带有不可移植性

课件的形成是以教师课前授课方案为基础的，而教师的授课方案是以具体的教学对象为前提的，这必然造成同样的授课内容在不同的地区、不同的学校、不同的老师，甚至不同的班级会呈现不同的过程。制作信息课件时，其形式、内容也必然会有所差别。

例如，城市的学生大都没有见过蒲公英、苍耳这类野生植物，当教学过程中出现这些植物时，就有必要加人适当的图片、动画进行讲解，但对于大多数农村的学生来说这些都是田间地头常见的东西，在授课时再加入图片就是画蛇添足了。随着社会的进步、教师和学生都在发生变化，教学过程也需要加以调整以适应新的形势和新的要求。一个课件只适合于一定的教学环境，不可移植，因此课件的生存空间也就极为有限。

3. 对学生有限制作用

大多数情况下，课件的使用拓展了教师的表达能力，但并不代表它没有副作用。

就拿想象力来说，无数幅春天的画并不等于就是春天。朱自清先生的著名散文《春》的开头是这样的……风来了，春天的脚步近了。一切都像刚睡醒的样子，欣欣然张开了眼。山朗润起来了，水涨起来……这是一段非常浪漫、拟人化的描写。要想感受这段文字必须依靠丰富的想象力，采用一种动画片常用的拟人形式虽然对于理解有一定的促进作用，但是也在一定程度上限制了学生自由的想象，扼杀了学生的想象力。

4. 对教师的要求很高

课件的制作集中体现了教师授课的策略与特点，具有不可移植性，因此课件的编制工作是不可替代的，需要教师的亲自参与，这就对教师提出了很高的要求，具体表现在以下几个方面。

（1）对教师的计算机操作能力提出了要求。

（2）对教师的美学能力，尤其是计算机美学能力提出了要求。

（3）对教师的音乐素质提出了要求。

二、信息技术背景下高校英语教学面临的挑战

信息技术打破了时空的界限，建立了一种开放性的教学环境，这就使传统的密集型教学转向分散化、个别化、社会化的教学，教学活动的时间和范围都

在向外扩展。但是，如何开启有效的网络手段，创造先进的高校英语教学方法，是当前高校英语教学需要面临的重大问题，也是网络环境下高校英语教学面临的挑战。

（一）对学生的独立学习能力提出了更高的要求

伴随着信息技术在学习中的普遍应用和推广，基于信息技术的高校英语自主学习也开始全面普及。信息技术作为一个多语言的媒体，为学生的英语自主学习起到了空前的支持作用。这种支持不仅体现在学生对学习时间、学习空间、协作方式、学习资源的自由支配上，还体现在能够促进学生自主完成信息表达、构建知识结构的能力上。具体来说，可以归结为以下四点。

1. 学习主体自主性增加

基于信息技术的高校英语自主学习可以让学生自主选择学习的时间、地点、内容、方式，因此，学生的英语学习由传统教学中的"要我学"变成了"我要学"。

在这种主动心理的驱使下，学生会更加积极地投入学习中，对自身的学习行为有所思考，并全权负责。可以说，这种学习方法是学生主体带动、教师科学指导的学习活动，不仅能够提升学生的语言综合应用能力，对学生的自主学习能力的发展也大有裨益。

2. 学习环境灵活度提升

我国传统的高校英语课堂教学主要是为了进行语言学习，所教授的知识较为死板，无法满足现实交际的真实环境的需要。基于信息技术的高校英语自主学习能够为学生提供更为灵活的学习环境，从而为学生的个性化学习打下基础。

信息技术下的高校英语学习完全不受时间和空间的限制。现在我国很多高校都已经具备了网络自主学习的条件，如多媒体教室、网上图书馆、校园网络等。这些开放的网络学习环境能够激励学生自主学习，拓展课堂教学，提升学习环境的灵活度。

3. 学习形式多样化发展

基于信息技术的高校英语自主学习能够为学生提供一种交互式的学习环境，利用丰富的学习形式呈现学习内容，如图像、声音、视频、文字等。

这种多样化的学习形式有利于提升学生学习英语的兴趣，便于学生对知识的建构。智能化的网络可以帮助自主学习者监控和评价自己的学习效果，从而不断地改进自己的学习策略，实现自身的个性化学习。目前，有各种各样的学习软件、测试工具、在线专家等，这些都可以帮助自主学习者随时掌握自己的学习情况。

4. 学习资源海量性支持

信息技术的应用使网络拥有着丰富的信息资源，而且信息庞大、易于检索和查询，因此，便于自主学习者充分发挥其主观能动性，进行知识结构的创建和资源的有效储备。

可见，信息技术为英语自主学习者提供了丰富的资源支持。同时，网络提供了大量真实的语言资料，从一定程度上说，克服了真实语言环境给学习者带来的困扰。这种图、文、声、像并茂的语言媒介和多形式的信息输入，使教学内容更加丰富多彩，教学形式也更生动、形象，从而有助于提高自主学习者的学习兴趣，提高学习效率。

（二）对高校英语教师的素质提出了更高的要求

信息技术是一把"双刃剑"，既有利也有弊。首先，它对教师来说提高了教学的效率；其次，它还对高校英语教师的素质提出了更高层次的要求。教师除了要具备精深的业务外，还要具有广博的学识、敏捷的思维，此外还要懂得信息技术的相关理论。要懂得、精通计算机软件、硬件，并且能够根据自己的需要设计课堂教学软件，以便于学生思考、参与、探索。

在教学过程中，教师的作用发生了一定变化。传统教学中教师的地位占主导，教师想讲什么就讲什么，想怎么讲就怎么讲，因此教师就是知识的传授者，学生是被动的接受者。而在信息技术下，教师起着协调、组织的作用，并且有时会充当学习者，学生不再是被动的接受者，而变成了协作者。可以看出，这时师生关系变成了平等的关系，在这种关系中，师生之间能够通过各种形式进行交流，教师也会在交流中不断鼓励学生进行尝试和探索。具体来说，信息技术下教师可以从以下几个方面提升自身的素质。

（1）更新教学观念。在新的教育形势下，教师要加强对教育现代化和最新的外语教学理论学习，树立终身学习的观念，不断提高自己的业务素质和水平，转变传统教学理念才能适应新的教学方法。在基于信息技术的高校英语教学方法下，教师的作用发生了一定变化，教师不再只是传统语言教学中知识的传授者，而是课堂教学的设计者、组织者、协调者，学生学习的督促者和学习效果的评估者，而学生不再是被动的接受者，而是自身学习的管理者、监控者、探究者和协作者。角色的转变对教师业务素质提出了更高的要求，也促使教师不断提高自身素质。

（2）研讨网络的教学形式和方法。网络教学和传统教学有很大的不同，其教学思路、方式、内容、过程等方面都发生了明显的变化，但注重英语语言知识传授、语言技能训练与语用能力培养，仍是基于网络高校英语教学方法的核心。教师作为教学活动的组织者，只有协调好学生、教学内容、教学环境、教学方式等要素之间的关系，形成符合语言学习目的的教学结构，才能发挥教学方法应有的效力。为此，教师不断研讨网络的教学形式和方法，注重如何设计课堂教学并组织、完善课堂教学，对实现教学目标起着重要作用。

（3）提高网络操作能力。提高网络操作能力是实现新教学方法的保证。教师除了要具备精深的业务水平、具有广博的学识、敏捷的思维外，还要了解和掌握网络技术的理论，精通计算机软件、硬件，并且能够根据自己的需要设计微课、翻转课堂教学视频和软件，实现教学过程的最优化，达到启发学生思维，发展英语实际能力的理想教学效果，为学生学习思考、参与活动、探索知识提供技术保证。

（4）制定政策，鼓励一线教师参与教学软件的制作和设计。硬件是网络环境下高校英语教学的基础，而软件是其保证。文字教材、电子课件等教学材料的建设，要做到统筹兼顾、统一规划，同步进行。同时，应该鼓励既具有丰富教学经验、又能熟练操作使用计算机的外语教师、科研人员、计算机专业人员和电教工作人员积极参与教学课件的编写与制作，可制作投影片、录像片以及各种微课视频等，对参与人员应该设置一定的教学工作量，对优秀课件进行奖励，并在物力、财力方面给予相应的保证和投资。高校英语教师在教学的过程中也应与学生进行探讨，从而获得新的启发，再将这些信息融入软件的建设中，做一个软件开发的有心人。

第三节　信息技术与高校英语教学整合的意义和目标

一、信息技术与高校英语教学整合的意义

信息技术与高校英语教学的整合可以打破空间与时间的限制，具有开放、灵活的鲜明特征，任何人都可以在任何地点、任何时间利用网络来学习。信息技术与高校英语教学整合的意义主要体现在以下几个方面。

（一）营造良好的教学环境

良好的语言教学环境对于英语教学质量的提高具有十分重要的意义。具体

来说，标准的语音、语调输入，开放、丰富的语言知识，必要的对话与练习机会以及教师的帮助与指导等都属于语言环境的范畴。将信息技术与英语教学有机结合在一起有利于营造良好的教学环境，主要表现在以下几个方面。

（1）信息技术与英语教学的结合有利于调动学生的听觉、视觉等多种感官，从而使他们积极地参与到英语学习中来，并逐渐培养英语思维模式，摆脱先将英语翻译成汉语再进行理解的不良习惯。

（2）信息技术与英语教学的结合可使学生接触大量真实、地道的有声资料，有利于帮助学生增加语言积累、了解文化背景、熟悉交际技巧、提升听说能力，进而提高对语言进行综合运用的能力。

（3）信息技术与英语教学的结合丰富了教学手段，使英语教学从过去单一、传统的模式中摆脱出来，变得更加活泼、生动、形象，从而更好地调动学生的积极性与自信心，有利于培养学生的想象力与观察力。

（4）根据情境教学法的理念，语言学习如果能在与现实情境相类似的环境中进行，则更容易达到令人满意的效果。信息技术与英语教学的结合可以创设与真实场景十分接近的语言情境，为学生进行知识同化创造了条件。

（二）创造新型的师生关系

在不同的教学模式下，师生之间的关系也不尽相同。在过去的很长一段时间里，我国的英语教学沿袭了传统模式，教师、课本与学生之间的关系如图2-1所示。

图 2-1　传统教学模式下的师生关系

不难发现，教师是英语教学的主宰者，学生是被动的接受者，而课本只是师生之间的媒介。教师通过对课本进行分析与讲解，将知识传授给学生。科技的发展使计算机逐渐参与到英语教学中，并成为英语教学的有益补充。计算机辅助教学模式下的师生关系如图2-2所示。

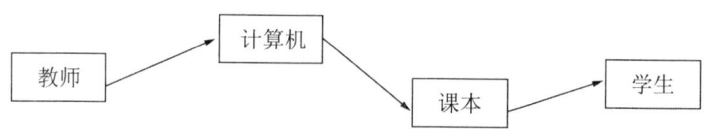

图 2-2 计算机辅助教学模式下的师生关系

从图 2-2 中可以看出，计算机的辅助并未对师生关系带来实质上的改变，计算机的应用只是为教师提供了一种新型的讲解或演示手段，使教学效果得到一定程度的增强。但是，信息技术与英语教学的结合，即计算机与教学内容的结合使师生关系发生了根本性的变化，如图 2-3 所示。

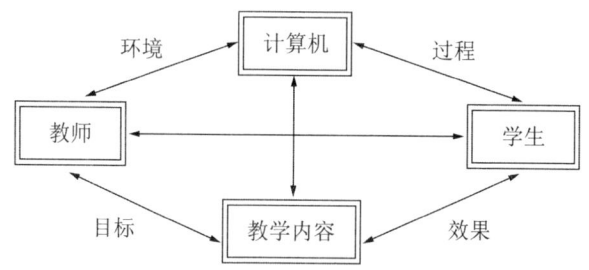

图 2-3 基于计算机的英语教学模式下的师生关系

在基于信息技术的英语教学模式下，教师、学生、计算机与教学内容是四项基本要素，它们之间存在着相互依存、相互作用、相互关联的内在联系，因而并不是单向的。教师不再是课堂的主宰者，学生则由被动的接受者成为知识的积极构建者，一种合理、和谐的全新的师生关系产生了。

二、信息技术与高校英语教学整合的目标

著名学者沃沙尔（Warschauer）指出："无论是今天的教育，还是未来的教育，教师是其中的组织者，督促者、向导和咨询人，学习不再是为了学习而学习，而是为了满足需要而学习。"① 信息技术应用于高校英语教学是为了满足未来的需要，而应用的关键在于对这种机遇的了解和把握。具体来说，信息技术与高校英语教学整合的目标包括以下几个方面。

---

① 肖亮荣，俞真.论计算机网络技术给大学英语教学带来的机遇和挑战 [J]. 外语研究，2002（5）.

（一）提高学生学习的积极性

信息技术下的高校英语教学，可以将学生的主体地位充分地发挥出来。学生从自己的需要出发，选择恰当的上课时间，采用适合自己的教学进度和方法，在网络的指导下进行练习。当学生遇到困难时，学生可以随时放缓速度，随时进行补充，随时增加信息量；当学生感到容易时，经"网络教师"的检验与测试，学生可以加快进度，减少练习量。

在这一过程中，学生能够及时巩固自己的语言技能，改正自己学习中的失误和不足，形成正确的语言习惯。同时，学生可以随时运用多种教材和课件，或者访问、查询、下载网上的信息和资源，进行个别化的学习。如果遇到问题时，他们可以通过 E-mail 等与教师进行沟通，让教师帮忙答疑解惑。因此，网络的应用使学生的学习不再受干扰，也可以使他们及时了解自己的学习情况，将自己的主观能动性发挥出来，激励着自己的英语学习。

高校英语教学属于一门能力课，光靠理论学习是不够的，还需要大量的操作训练。在传统的高校英语教学中，学生并没有充足的自信心，他们害羞于在公共场合开口，上课状态也非常焦虑，担心被教师提问，担心自己丢脸。相比之下，在网络环境下的高校英语教学中，学生不必担心这一问题，情感层面的焦虑也会被释放，这时他们愿意提出问题、回答问题。因此，网络创造的这种宽松的环境有助于提升学生的学习效率。

另外，由于网络环境本身是一种交互式学习环境，动态与静态结合、图片与文字结合、声音与情感融合、视觉与听觉并用，其表现效果也更逼真，因此学习也就不再是一种枯燥的事情，而能够引起学生的兴趣，使学生更好地发挥自己的智力因素，调动自己的学习潜能和积极性。

（二）达到最佳英语教学效果

计算机作为一种工具，可以大大提升教师的工作效率，如教师教案的设计、学生成绩的登录、教学资料的查询等都可以通过计算机轻松地完成，从而大大减少了教师的工作量。

在高校英语课堂教学中，教师可以通过工作站、服务器等对自己的备课内容进行讲解，并可以随时监察学生的学习情况，通过将全班学生的整个操练过程记录下来，及时了解学生的实际语言情况，最后对测试结果进行分析和统计。

在批改作业上，客观性的题目也可以通过计算机来处理，主观题可以由学生通过电脑操作，然后教师利用文字处理软件进行整理和批改。这样不仅从根本上解决了学生数量多、教师数量少的矛盾，而且还可以让教师从琐事中解脱出来，让他们将更多的精力放在重要问题和环节的教学和讲解上。这些重要的问题和环节包含对教学大纲的理解、教学方法的研究、教学内容的组织等。

试题库的建立在一定程度上允许了学生自行选择时间进行测试，如果通过了考核，那么他们可以进入下一阶段的学习。只有这样，才有可能实现真正程度上的学分制管理，做到因材施教。因为这一方法将学生从传统固定的教室、固定的教学方法、固定的教材中解脱出来。在这种环境下，教师可以根据社会需要进行教学自我调节，学生也可以运用最合适的方式使自己尽可能地达到自己想要达到的水平。

除此之外，教师与教师之间、教师与不同班级的学生之间还可以进行教学成果共享。某位教师备课的成果通过电子处理后，上传至网络，其他教师可以下载学习，这样可以促进水平不高的教师的成长，也能促使水平高的教师不断脱颖而出。

第四节　信息技术与高校英语课程整合的策略分析

一、"英语读写"课程与信息技术的整合

（一）现状

针对目前我国英语阅读教学现状而言，教学方法与内容存在"读写分离"的现象，重输入轻输出是当今语言教学领域普遍的疏忽。在现行的外语教学大纲中，对听、说、读、写均做了单独划分，课时安排也多少不一，《综合英语》（精读）往往占课时最多，然后是阅读（泛读）、听力、口语、写作。在传统教学方式下，这样的单项语言技能训练划分有其合理性。但在网络信息时代，课程如此划分就远远落后于时代的需求了，培养出的外语人才的知识结构缺乏完整性和系统性。因此，有必要对现行的课程体系加以重新归类、调整、整合，以实现更好的教学效果。

（二）策略

将"阅读"与"写作"整合成一门课程——"英语读写"，这样的课程

设计既不排斥课堂读写的功能，又倡导网络读写的优势，对"阅读"与"网络阅读"进行深度整合，结合教材，但又突破了书本内容以及时空限制。英语读写课的特点是将读与写紧密结合，以写促读，以写带读，提高了学生的阅读写作和整体英语水平，发挥了网络教学的优势，扩大了阅读面，增加了写作量。网络环境不仅为学习者之间的多模态互动提供了教学平台，而且也为教师提供了多样化的教学手段和大量的信息资源。

二、"英语视听说"课程与信息技术的整合

（一）现状

目前我国听说教学方法存在"视、听、说"分离的现象，割裂了视听说感官的整体性和协作性。网络技术使信息覆盖面广、超越时空、资源共享、多向互动、便于合作，使学习者接触真实的语境和新颖丰富的语料，也使得外语学习的自主性和互动性成为现实。

（二）策略

语言学习与应用是一种多感官的体验，而不同的媒体则通过不同的感官渠道传输语言信息。信息本质包括信息的产生、传输以及接受等，离不开基于视觉和听觉"双代码"系统，"英语视听说"有机结合了视觉、听觉、口语表达的综合功能，又在不同阶段体现各自特色，既加强了课堂教学的功能，又倡导了网络训练的优势，我们结合教材，但又不拘囿于书本内容及时空限制。

三、"英语文化教学"课程与信息技术的整合

（一）现状

文化类课程普遍存在"赶进度""讲不完""满堂灌"和"以教代学"的现象，忽视发挥学生的主观能动性，导致学生的学习兴趣低下。而传统的"西方文化"课程又往往侧重欧美国家文化，忽略其他国家文化，造成学生文化视野狭隘，难以适应时代和国际交流需求。

（二）策略

将现代外语教育技术充分融入"文化"类课程，教材与网络资源成了突破时空障碍的有机立体整体，外语教育技术与"文化课程"的深度整合实现

了"全媒体"的教学模式，实现了以教师为主导、学习者为主体、教学资源为支撑的相互整合的教学环境。加强课堂内外的互动，而且互动的要素不仅仅包括学生和教师，各种信息技术都可以成为互动的媒介……互动的时间无限延长，摆脱了上课这一有限的时间范围，课内课外互动得到有机的结合；互动的空间无限扩大，即使远离课堂这一传统互动场所，依然可以进行。

第三章　高校英语信息化教学方法创新之翻转课堂

当下，英语语言学习已经不是一种时尚，而是成为适应 21 世纪国际社会发展的复合型多元化人才所必须掌握的一门技能。要真正掌握这门语言，学习者就应该全方位地发展英语语言学习中的听、说、读、写、译的综合技能。为了更好地培养高质量的人才，激活课堂的学习氛围，教育界也在不断尝试适应新时期、新时代的教育方式，翻转课堂便为其中之一。

第一节　翻转课堂的基础知识

对于翻转课堂概念的界定，学术界甚至还未形成一个统一的规定。目前，有一部分人对翻转课堂的理解甚至还停留在对其实施过程的描述层次上，所以有必要对翻转课堂的内涵进行深入剖析。

通过查阅翻转课堂在国内外的一些成功案例，结合自己的理解，尝试给出了翻转课堂的定义：所谓翻转课堂，就是教师创建视频，学生在家中或课外观看视频中教师的讲解，回到课堂上师生面对面交流和完成作业的一种教学形态。

一般来说，教学过程可以分为信息传递和知识内化两个阶段。在传统教学模式中，信息传递和知识内化分别是通过教师的课上讲授和学生的课下作业实践完成的。而在翻转课堂的教学过程中，教师赋予了学生更多的学习自由，学生可借助网络等多媒体技术观看教师录制的教学视频，从而在课下就能完成知识的预先学习。在这个过程中，学生可以自由选择最适合自己的学习方式，但要确保课前真正发生了较深入的学习；而知识内化过程则被放在了课堂上，这样师生之间、生生之间就可以有更多的沟通机会。

翻转课堂在教学理念、教学过程、教学结构上均具有不同于传统课堂的特点。在教学理念上，传统课堂注重"集体化"教学，忽视学生的个性化发展；翻转课堂突出个性化教学，满足了不同学生的个性化学习发展需要。

我们知道，教学过程包括知识传授和知识内化两个阶段。在传统的教学过程中，教师在课堂上进行讲授知识，在课下，学生通过作业练习完成知识的内化；而翻转课堂将"知识传授"过程放了课前，将"知识内化"放在了课堂，从而实现了教学过程的颠倒。在教学结构上，翻转课堂对传统课堂进行了重构，使其在不同的环节具有了不同的教学结构。

一、翻转课堂的本质

（一）翻转课堂在本质上追求创新和智慧教育

翻转课堂以掌握知识为基础，以知识创新和发展人的生命智慧为主要目的。它专注于培养学生处理问题和应对危机的能力，也能促进学生对人生加以思考。它让学生学会运用已有的知识和经验对自己与他人和社会与自然的关系进行积极审视、理解和洞察，并对他人、社会、自然关系在未来的多种可能性进行明智、果敢的判断和选择。

（二）"翻转"的过程是学生智慧发展的过程

翻转课堂由于突破了传统课堂教学的时空限制，将"最合适的教学过程"安排在了"最合适的时间"，使接受学习与探究学习实现了有机结合、优势互补，因而有利于解决传统教学的两大"顽疾"：一是教师无暇顾及学生学习差异的问题；二是教师对学生创新能力培养缺乏重视的问题。翻转的过程，就是碎片知识的学习与整合创新的过程，从这方面上来说，翻转课堂与智慧发生的过程有异曲同工之妙。因此，翻转课堂不仅有利于学生知识的学习，更有利于其知识应用、创新能力的培养和智慧的发展。翻转课堂是手段，更是价值；是术，更是道；是谋略，更是哲学。从价值层面上来看，它是智慧课堂，是以"联通"为手段，以发展智慧为目的的智慧教育。明确这一点，不仅有助于提高翻转课堂教学的品位和品质，使其不局限于为应试教育服务，也有利于促进智慧教育的发展。

二、翻转课堂的特点

(一) 先学后教的教学特点

在翻转的模式下，学生需要在课前学习教师录制或者网上下载的教学微视频，对视频讲解做出笔记，完成进阶作业。回到课堂上，就学生学不懂的知识点、作业完成时遇到的困惑，师生共同探究和解决。因此，它是一种典型的先学后教的教学模式。

其实，先学后教作为一种教学模式在我国高校已经有过很多探索。当然，随着科技的进步与时代的发展，这些教学模式也需要转型，在坚持"先学后教"原则的基础上，寻求新的技术与手段。以微视频作为主要课程资源载体的网络条件下的先学后教，被认为是一种比较成功的教学范式。微视频主导和网络学习条件下的先学后教，与以往导学案或讲学稿主导下的先学后教的模式有所不同，主要体现在三个方面。

1. 讲解生动

优秀教师生动形象地视频讲解，显然比一张纸的导学案让学生更加喜欢。

2. 反馈及时

无论是课前学习后的作业反馈，还是课堂学习过程中的学习反馈，在网络背景下，都比纸质的导学案要来得及时、迅速，并且还节省了教师大量的机械批改作业的时间。

3. 易保存检索

电子资料比起导学案来，更加易于学生的复习，易于学校的保存与检索。应该说，微视频与导学案，都是先学后教的载体，其背后的原理是一样的。

(二) 对信息技术依赖程度的增强

学生在课外学习如果没有信息技术的支持，就难以得到教师的帮助，影响学习效果。无论是教学课件还是教学视频，都需要信息技术的支持才能方便有效地传递给学生。而对于学生课前学习效果的检测，更需要信息技术的支持。这就对教师提出了更高的要求，要不断学习信息知识，提高操作能力。

(三) 师生角色的重新定位

教学流程的翻转及信息技术与教育的深度融合都引发了师生角色的改变。教师变成了学习的设计者和推动者，学生成为学习过程的主体和中心。但这并不意味着教师作用的弱化，相反，教师是决定翻转课堂的关键因素，其作用更加重要。

（四）复习检测方便快捷

学生观看了教学视频之后，是否理解了学习的内容，视频后面紧跟着的四到五个小问题，可以帮助学生及时进行检测，并对自己的学习情况做出判断。如果发现几个问题回答得不好，学生可以回过头来再看一遍，仔细思考哪些方面出了问题。学生对问题的回答情况，能够及时地通过云平台进行汇总处理，帮助教师了解学生的学习状况。教学视频另外一个优点，就是便于学生一段时间学习之后的复习和巩固。评价技术的跟进，有利于教师真正了解学生。

三、翻转课堂的主要任务

（一）巩固强化

在我国基础教育阶段，知识学习的达标是学生学习的重要任务。学生通过视频学习主要帮助自己解决知识的接受和理解问题。如果在视频学习阶段，学生没有掌握相关知识点，那么在翻转的课堂内，教师的首要任务就是帮助学生理解相关知识，并进行相应的巩固和强化。在学习任务单上，教师要明确地列出学习的目标、学习的线索，学生在看完视频后需要完成学习任务单上列出的作业题，这些作业题有的是选择题，但更多的是批判性思考题。批判性思考题是不便于在网上直接用程序来批改的作业类型。

（二）系统梳理

使用微视频学习，知识相对较为零散，比较碎片化，所以为了让学生形成系统的知识体系，在课堂上，教师要和学生一起通过回顾的方式，对碎片化的知识进行整理，从而帮助学生建构一定的知识体系，帮助其理解学科（或单元）的全貌。尤其是在进行了一个单元的微视频学习后，教师要与学生一起整理本单元的知识图谱或者知识树，以便于学生可以系统地掌握知识。在深刻理解每个知识点内涵的基础上，让学生明确各个知识点之间的相互关系，以及每个知识点在知识图谱中的地位等，这样有助于学生整体把握知识概貌，在自己的头脑中建构起相应的知识结构和脉络，内化所学知识。

（三）拓展加深

对于学有余力的学生，教师在课堂上需要为其准备有深度的学习内容和问题，以满足其进一步探索新知的欲望。教师最好是将这些学生分到一个学习小组内，或者是将其分到一个教室内，这样能做到有针对性的辅导。所以，翻转的课堂就需要和"实时走班"或"及时分组"的教学形式结合起来。

（四）探究创新

探究创新的意识和能力对于学生学习和发展的重要性不言而喻，尤其是在面向不确定的未来社会时，学生的探究创造能力更受到了重视。然而，无论是新的项目探究，还是模拟已有的科学推理过程，探究的过程都需要时间。在传统的课堂上，因为教师讲解知识需要占用相当多的时间，且学生的巩固练习也是在课堂内完成，这导致探究的过程往往以"时间不允许"而被搁置，只有偶尔在需要表演的公开课上，教师会设置一些探究活动，常态的课堂上则较少顾及。在翻转课堂内，学生因事先学习了知识，所以在课堂上就有较多的时间用于探究活动。基于特定的问题或任务，无论是同伴之间的交流研讨，还是小组合作完成，都是探究和创造的重要体现。

四、翻转课堂受到的质疑与困惑

（一）相关的技术问题不能轻易解决

对翻转课堂一个最常见的误解是：那些技术手段受限的学生无法参与翻转课堂，因此不应该施行。尽管认识到这是一个重要问题，但相信通过发挥一定的创造力，这个问题就会迎刃而解。

在翻转课堂环境中，所有学生都是在上课的前一天晚上获取教学内容。如果要求学生在课外完成一些内容，老师必须提供访问路径。但如果不是所有学生都希望在课前观看内容，而是希望在自己方便的时候观看，这种情况怎么办？在翻转学习环境中，学生可以在任何他们认为合适的时间获取教学内容，可能是课上、课下，或者二者皆可。但无论怎样，学生不需要一定在家里获取教学内容，这样问题就基本解决了。内容获取成为一个课堂考虑的问题，而不再是某个学生担心的问题。

（二）翻转课堂难以摆脱"应试教育"枷锁

学生应该学会自主预习、自主探究、自主总结，同时形成良好的学习习惯和思维习惯；要在教师的指导下具备自主探究的能力以及体验对科学概念和科学规律的探究过程；要在具体的学习中养成实事求是的求知态度，认识到实践是检验科学真理的方法，具备学好科学文化知识将来为祖国做贡献的崇高理想。而现实情况是，在课堂教学中，相当多的教师还是以讲授为主，满堂灌地传授知识，不能够充分顾及每个学生的感受和接受能力，使得学生的主体地位缺失。新课程标准所要求的内容很多不能体现在实际课堂教学中，教师的教学思想还是没有得到根本的转变。

如果学校和教师不考虑学生的全方面发展和终身发展，会造成课堂教学仍以知识传授为重，教学机械化，搞疲劳战术和题海战术，于是使得学生的知识质疑能力和科学探究能力、学习习惯和解决问题的习惯等方面存在很大的缺陷。因此，如果不改变这些传统教学观念和方式，包括翻转课堂在内的任何形式的高效课堂都难以进行到底。

（三）翻转课堂只是用视频代替讲课

许多批评者认为，翻转课堂是一种糟糕的教学法，只是把讲课变成视频，然而这样的教学法却被大加推广。如果翻转课堂只是用视频代替讲课，而其他保持不变，那么我们也赞同批评者的看法。但是，大多数老师并没有停留在翻转课堂阶段，而是进行了深化和拓展。和所有老师一样，他们回顾反思教学实践，保留有效的做法，改进不足的地方，从翻转课堂过渡到更佳模式。

很多批评者本身也是优秀教师，他们或许忘记了自己也经历过改变，而改变需要时间。我们不能让一个讲了 20 年课的老师从第二天起必须用投影教学，一位老师不可能一夜之间完成这么大的改变。做出改变的老师需要一个目标、一个路线图来指导他们，要给予时间来完成。改变是一个过程，每个人完成改变所需要的时间也不同。改变的关键是把老师从原有的模式中解放出来。改变对于任何人都不是轻而易举的，但我们注意到翻转课堂是很多老师做出改变的一个很好的切入点，这些老师最后都过渡到翻转学习阶段，并且收获颇丰。我们鼓励老师从翻转课堂开始，因为这是一个对大多数老师来说既切实可行又熟悉的策略，但我们也希望你们不要停留在翻转课堂阶段，而是过渡到翻转学习阶段。

（四）翻转课堂的内在局限性

翻转课堂的优势在于从"先教后学"转变为"先学后教"，学生从被动学习转变为主动学习。学生可以学习两遍——第一遍，带着问题自己学；第二遍，再集中解决重难点问题。这样，学生就有了直接面对新情境、新内容、新问题的机会。只有在学生自学理解的基础上，课堂上师生、生生互动交流才有效，才能培养学生思维的深刻性、批判性，知识才能进入长时记忆。

翻转课堂的局限性包括：新授课、复习课、讲评课等不同课型，教学目标较难定位；受制于学生的学习内驱力，如果没有课前自学，课堂就会成为空中楼阁；课堂起点提高后，不同程度上学生可能拉大差距。此外，学生的自我管理、自我组织等需要更高的学习积极性和较强的自制力，这是学生面对的一大挑战。

第二节　翻转课堂应用于高校英语教学的优势及注意事项

一、翻转课堂在高校英语教学中的应用优势

对于高校而言，英语教学站在一个比较特殊的位置之上。一方面，英语的学习和能力，与学生毕业之后的职业生涯保持着密切的联系；另一方面，高校阶段失去了升学的压力，考试的反拨作用因此有所抑制，相应地，学生参与英语学习的积极性也会大打折扣。从这样的背景出发，展开有针对性地分析，可以明确翻转课堂的应用对于高校英语教学的若干价值。

（一）推动学生主动参与学习

对于高校的学生而言，部分学生群体相对而言在学习方面呈现出一定的懈怠特征，也因此拉低了学生整体的水平。除此之外，普通高校学生需要在毕业之后直面更为严峻的就业环境，英语的学习也会因此需要更为灵活的方式，帮助他们获取学习的能力，而不仅仅是相关知识。从这个角度看，翻转课堂能够帮助学生主动参与到学习的过程中，通过对学习材料的自行阅读，来练习和获取学习的能力，从而不断推动英语学习的前进。

（二）及时获取学习情况反馈

翻转课堂的另外一个不容忽视的价值在于，教师可以通过课堂之上相关问题的解答，形成与学生之间的有效沟通，从而获取到学生具体学习状况的有效反馈。不同于传统课堂讲授，翻转课堂要求学生主动地参与，因此问题的暴露也更为彻底。虽然在翻转课堂教学模式下，仍然存在一些问题，但是相对于传统教学方式，其进步价值不容忽视。虽然如此，这种反馈对于实现教学进度的不断修正纠偏意义重大，但是也并非毫无难度，对应的细节工作能否落实，成为翻转课堂教学是否有效的关键所在。

(三) 教学针对性会有所提升

有了明确的学习效果反馈，从理论上就能够实现具有针对性、更为有效的教学，至少可以说，反馈为针对性教学提供了一种可能性。教师可以通过翻转课堂的实施，发现学生学习过程中出现的问题和比较突出的不足之处，并且据此展开对于教学材料和进度的调整。但是在这个过程中，应当注意的一个重要问题在于，教师的教学工作调整，本身关系到多个方面的细节问题，包括教学进度和必须完成的教学内容，以及学生应当具备的学习能力。因此在这个调整的过程中，能否实现更具针对性的教学，还.取决于教师能否不断加强自身素质的修炼。

二、翻转课堂在当前高校英语教学中应用的注意事项

翻转课堂的价值，迄今为止可谓有目共睹，但是对于高等院校而言，英语教学的改进却并非一朝一夕就能够完成的，唯有持续不断的优化，才能实现有效的提升。

(一) 注重学习材料的选择与制作

在翻转课堂的机制之下，学习材料是学生推进学习过程中遇到的第一个工具，这个工具的内容选择，关系到学生能否展开一个新的环节内容的学习。对于英语学习而言，就是要保持一定的新鲜感，但是又不能脱离学生自身水平太远，要让学生能够通过这些材料发现自身能够提升的地方，能够获取到这一个章节需要把握的重点，但是又不能觉得无趣而失去学习的兴趣。对于这一材料的选择，关系到随后翻转课堂其他环节学生的学习积极性，更加关系到教学内容的连贯性与教学的有效性，因此必须引起充分关注。对于内容的安排，需要坚持一点，就是内容本身是依据进度而变化的，教学过程中不是要对没有跟上内容的学生加强训练，而是要根据学生的进度而优化和调整内容。

(二) 加强课上对于学生学习状况的考察

加强学生学习状况的考察，是翻转课堂机制之下课堂时间的重要价值体现。虽然翻转课堂在一定程度上可以加强反馈，但是不代表不会存在滥竽充数和浑水摸鱼的情况，有些学生仍然伺机在课堂上蒙混过关。造成此种问题的原因众多，可能是学生水平与教学内容水平相去甚远，无法跟上，也有可能是缺少了升学考试的反作用而失去学习动力。但无论何种情况，教师都应当全心投入、发现端倪，才能实现改进。

（三）强化多媒体资源的有效、有序利用

当前信息背景之下，不仅仅是学习材料的发放可以通过多媒体以多种形态来实现，包括对学生学习过程的考察，同样可以通过多媒体、多渠道方式展开。有时候学生可能不会愿意主动在课堂上透露学习中的问题，但是可以在群里说出自己遇到的困难。因此，教师应当积极启用多媒体渠道，完善翻转课堂教学体系，推进整体效果的优化。

第三节　基于信息化教学的高校英语翻转课堂教学设计与实施

一、基于信息化教学的高校英语翻转课堂教学设计

英语翻转课堂教学的设计过程主要包括确定学生课外学习目标、选择翻转内容、选择内容传递方式、准备教学资源、确定课内学习目标、选择评价方式、设计教学活动、辅导学生八个主要环节。

（一）确定学生课外学习目标

英语翻转课堂教学的设计首先要确定学生的学习目标，翻转课堂具有颠倒课内外教学过程的特性，它使学生在课外自主学习新知完成第一次知识内化，课内完成知识的第二次内化。因此，学生在课内、外学习活动所要达到的学习目标是不同的。学习目标的确定要注意以下原则。

1. 学习目标的阐述应该是具体的

学习目标的重点应能够说明学生在完成学习任务后的行为或能力变化。一个完整的教学目标应包括三个基本要素：行为、条件和标准。

2. 学习目标是可以实现的

学习目标的制定往往要考虑学生的年龄大小、认知规律、知识水平等因素。不同年龄的学生，认知规律和知识水平各不相同，那么对于不同的学习活动最后所能达到的学习结果肯定也不会相同。所以，在制定学习目标时往往要考虑学生是否能达成事先预设好的学习目标。

3. 学习目标是可测量的

教师所制定的学习目标必须是可测量的，因为只有是可测量的学习目标，

才能评价学生通过参加学习活动后有没有达到学习目标，从而进一步判断学生的学习成效如何。所以，每个学习目标都应该有对应的评价问题或评价活动设计，并且有相应的评价工具去收集学生的学习情况。

（二）选择翻转内容

当确定了翻转课堂的课外学习目标后，就要考虑选择合适内容用于学生进行课外自主学习，对课外的学习目标要求主要是低阶思维的目标要求。所以，在设计和选择课外学习内容时，要结合学生本身的认知规律和特点。

（三）选择内容传递方式

选择内容传递方式这一环节主要是创设可承载学生自主学习内容的媒体工具，这里所说的媒体工具主要分成两类：一类主要是用于承载自主学习内容的媒体资源，如文字、图片（书本、试卷、案例、练习册等）、视频（教学实录、微课等）和动画等；另一类主要是用来传播第一类资源的系统工具，如各种网络教学平台、学习管理系统、交流通讯平台、各种网络终端等。而选择学习内容传递的方式一般取决于想要传递的学习内容的形式、资源大小、学习者的地理位置和持有的接收设备情况等。在选择内容传递方式时，应综合考虑上述各要素，以选择传递速度快、传递内容形式丰富、获取方便以及易于学生开展个性化学习的方式为佳。

（四）准备教学资源

教学资源是指高等学校为完成教学工作所使用的教师、教室、实验实训场地和设备、图书馆、教学经费等有形资源与教学理念、教学模式、教学经验等无形资源的总和。

在确定了学习内容及其传递方法渠道后，即可开始制作相应的教学资源，或者借助网络搜集相关的教学资源为己所用。在该环节中需注意，无论是自己开发新的教学资源或利用已有的教学资源，均需与先前确定的教学内容保持一致，并且资源的形式、大小等要求也需和传递工具相匹配。

（五）确定学生课内学习目标

这一环节的学习目标与第一环节的学习目标有所不同。第一环节中确定的课外学习目标更多的是针对低阶思维技能的学习目标，因为在课外学生能参与的更多是培养其识记、理解和应用等低阶思维技能目标的学习内容和活动。而在课内则恰恰相反，学生通过与同伴和教师面对面地交流、讨论和开展协作探究等活动，更易于达到发展分析、评估和创造等高阶思维技能的目标。为此，本环节确定的学习目标应该偏向分析、评估和创造等高阶思维技能层次。

（六）选择评价方式

在正式开始课堂教学前，不管是教师还是学生，他们都需要对课堂教学活动提前做好充分的准备。一般，教师可采用低风险的评价方式（是指不对学生的评价结果进行分数、等级的标记和评比，而仅作为发现学生学习问题的一种教学评测方式）对学生进行评测，从而发现学生学习真正的难点，以便教师和学生调整教学计划和学习计划。而常用的课前小测验就是一种较好的低风险评价方式，这些小测验的题目量并不多，其不仅仅能够检测学生在课前学习的事实性知识，更重要的是为学生提供一个综合应用所学知识的机会。在这个过程中，不仅教师能及时地把测验中出现的问题反馈给学生，学生也可以向教师提出自身遇到的问题，并通过与教师的交流使问题得以解决。所以，在正式上课前进行低风险的学习评价是一种非常有效的教学策略。低风险的评价方式有很多，小测验只是其中比较常见的一种。教师可以在这个环节根据先前学生课外自主学习的内容选择合适的评价方式对学生进行一次课前评价，从而了解学生真正的学习难点。

（七）设计教学活动

当通过课前评价了解到学生真正的学习难点后，教师需针对学生学习难点和高阶能力发展需要设计具有导向性的课堂教学活动。课外的学习内容和活动主要帮助学生解决识记、理解类的知识，课内的活动则是帮助学生解决学习难点，并使其可以充分应用所学知识，学习更深层次的内容。所以，教师设计的教学活动应能更好地培养学生分析、评估和创造等高阶能力，可采用如基于项目的学习、基于问题的学习、协作探究学习等形式。

（八）辅导学生

良好的教学效果必定离不开教师的正确引导。在学生进行学习活动时，教师需提供相应的脚手架，帮助学生更好地开展活动，有时甚至还需教师为仍对学习内容和活动存在困惑的学生提供个性化辅导。在整个学习活动中，教师需给提出疑问的学生给予及时的反馈，在学生汇报学习成果或学习结束后，教师要进行统一的总结反馈，以促进学生知识的内化和升华。

二、基于信息化教学的高校英语翻转课堂教学实施

（一）英语基础知识自主学习翻转课堂实施

1. 关于英语基础知识教学视频的选择

对于初试翻转课堂的教学而言，使用现成视频是最佳的选择。一方面教师面对繁重的教学任务可省去制作视频的时间和精力；另一方面，教师面对陌生事物的心理压力也容易影响录制，最终影响学习效果。因为录制视频是面对计算机自言自语，与传统授课面对学生有着完全不同的感觉，尤其数字技术对教师来说也会存在一定程度的困扰。因此，如果能够得到本门课程高质量制作成功的视频，无疑是一种便捷的替代方式。借用视频的另外一个好处是能够使学生意识到他们本可以通过其他渠道获取他们所需要的信息，使他们意识到学习是他们自己的事情，搜集信息对学生而言是非常重要的学习手段。

对于英语基础知识介绍，老师完全可以借鉴网上比较成功的视频，借助这些视频让学生进行课下的自主学习，当然，对于有着多年教学工作经验的教师来讲，筛选适合自己教学使用的视频无疑是更有针对性的。

2. 课堂组织

首先，英语语音教学、词汇教学、语法教学等课程适合在计算机网络中心进行，学生在课下完成相关知识学习，课上教师对重难点进行引导性释难，然后进行在线测试。比如，对学生的语音读法是否正确，词汇是否掌握，语法内容是否理解等都可以进行在线测试。

测试后学生可以自由在线获取网络学习资源和大量的背景知识及相关信息，对自己的测试结果进行比照分析，以进一步促进自主学习。

其次，英语课程往往涵盖语言和文化双重要素，对西方文化的认知程度高，有助于学生的自主学习，在进行语音教学时，可以切入西方的普通生活场景，从本地居民的对话中，让学生感受另一种谈话语境，深入理解他们的语音语调及谈话方式。

再次，英语学习尤其需要提倡个体学习和合作学习相结合的学习方式。个体学习有助于学生充分完成识记和领会等教学目标，而在更高一级的综合应用认知的学习中，只有双边甚至多边的合作互动过程，才能够更好地实现教学目标。

（二）英语听力翻转课堂教学实施

教师在课前先布置好视频或音频材料，学生在课后可自行听完；在课堂

上，主要以教师引导和课堂研究为主，教师不再单一地解说材料，校对答案。教师把更多的时间放在对学生听力技能技巧的点拨、对背景知识的拓宽及对难点重点的突破上。课堂形式也由单一的讲授式变为讨论式、表演式等。

1. 教师准备部分

（1）编辑与教学相关的资料

除了可以利用教材本身自带的资料，教师还可以自己录制或者利用他人已经制作好的音频或视频，如教材每个单元中所涉及的生词、短语、功能句的解释和运用，不同模块的背景知识等，都可以作为教师制作视频的内容，视频不仅节省了课堂教学的时间，而且还提高了学生的学习效率。以《新视野商务英语视听说》教材上册中 Unit 5 Business Travel 为例，这一部分内容涉及有关国外海关入境违禁品常识和申报单的填写等背景知识，因此，教师就可以通过自制视频让学生事先了解这些知识点，从而使学生能够形成完整的认知结构，也便于日后查找和复习。

（2）整合网络的扩展资料

教学如果总是围绕着书本内容进行，那么，学生接触到的英语材料就非常有限，语言输入的不足必然阻碍学生进行有效的语言输出，久而久之，学生也会慢慢失去对英语学习的兴趣。随着互联网的日益普及，网络上承载着大量的英语学习视频资源，如名牌大学的公开课、沪江英语、普特英语听力网、微博、微信等各种视频资源。听力不同于英语教学的其他内容，听力的学习需要学生不断地进行强化训练，这就要求教师要通过互联网等平台，多渠道地搜集与本课内容相关的视频、音频等资料。

教师可以将这些网络资源进行整合，使其可以为翻转课堂所用。例如，在课前，教师可从网上选择难度适当的视频，将视频和学习任务提前布置给学生，让学生观看视频、完成任务。还可根据学生的不同水平将学习任务分级，初级任务为：学生能听懂主题和大意；高级任务为：需要学生了解相关演讲人、主题的背景知识、主题的详细内容、文化信息等。翻转课堂让学生成为学习的主体，一方面可以提升其英语听力学习的兴趣，另一方面还能提高其学习的质量与效率。

（3）课内教学准备

在课内教学准备这一环节上，教师首先要做的便是熟练掌握本节课的翻转课堂视频内容，然后通过交流平台中学生所反馈的疑问，总结出课上需要重点讲解的地方，在此基础上挖掘一些需要在课上适合交流讨论的深层次探究话题，并把课上探究话题发布在课程论坛。

2. 学生活动部分

在听力教学中，学生的活动主要是进行课前的自主学习，主要包括了解学习任务和观看翻转课堂视频。为了达到更好的学习效果，在每个环节结束后学生可返回上一环节重新学习。

（1）了解学习任务

学生通过交流平台，明确课外学习任务和课内学习任务，根据学习任务和自身特点进行课前学习。

（2）观看翻转课堂视频

学生需要自行下载教师共享的视频资源，网络条件较好的学生，也可直接在网络平台上观看指定视频。在观看视频的过程中，学生要结合教师提出的引导性问题，根据自己的节奏和步调进行学习活动，对学习收获和问题及时进行记录，并通过交流平台将问题反馈给教师。

3. 课堂教学

课中要抓住教学重点。由于学生在课前已经有了充分的准备，在课堂上，教师就不用反复播放一段音频或视频，学生带着困惑和问题来到班级，可以使教师在把握重难点方面更加确切。例如在听力中，有讨论新生刚到校的题材，教师除了可以讲解在听力中涉及的技巧和技能之外，还可以把话题引向学生更感兴趣的方向。

多样化的课堂活动可以检验学生的学习效果，激发学生的学习动力。尽管翻转课堂使新知的学习成了课下完成的任务，但是课上的教学活动仍是学生学习的主导活动。教师可以通过如复述、表演、演讲、自由演说等多种形式来夯实学生所听到的英语材料，拓展其文化视野，这充分体现了英语课程的工具性和人文性的双重价值。与此同时，多样性的活动形式也改变了以往听力单项式的教学模式，在变化之中激发了学生的学习热情。

4. 阶段性反思与总结

进行阶段性反思与总结，归纳教学不足，促进教学逐步完善。教学实践的紧迫性和教师工作的繁忙性使得教师根本没有时间"停下来"进行反思。翻转课堂给予了教师足够的时间，在翻转课堂中，教师成为自身实践的研究者（探究者），自觉参与到教学研究中；教师在设计翻转教学思路时，能够有的放矢地在自己的教学中发现问题、研究问题、解决问题，以研究者的心态置身于教学情境中，以研究者的眼光审视和分析教学理论与教学实践中的各种问题，并对自身的行为进行反思，对出现的问题进行探究。教师利用反思与探究可不断改进自身的教学行为。

（三）英语口语翻转课堂教学实施

1. 翻转模式下构建学生情境认知

翻转模式下的口语教学模式应该符合以下特征：课前获取知识，课中则展现、深化、监控，课后巩固深化的教学结构模型。因此，在翻转模式的背景下构建认知情境，应该包含以下几方面内容。

第一，教师应该选择一个或多个真实的口语情境，在这一情境中，学生能够获得知识和能力的提高。真实的物理环境应该反映知识的真实运用情况，资源充足，并且充分保证这种环境的纯粹度。

第二，教师能够提供必要的支架，视频的制作应该既能提供真实的情境，也能搭建支架，使初学者能够在复杂的真实情境中探索和操作知识；同时，指导者也能在这一框架中活动和运用指导策略，教师可以随时提供指导和支架支持，随时给予指导和建议。

第三，教师角色的多样化。认知情境策略的选择能使教师改变传统角色，能够在整个教学过程中随时追踪学生的学习进度，评估学生的学习效果，了解学生的学习感受和学习成效，管理或参与他们的个体或合作学习。

2. 鼓励阅读英语书刊，扩充口语输出语料

教师应该充分利用各类新闻传媒制作、播放、刊登的大量英语材料，发现优质的资源推荐给学生，尽可能地让学生从不同渠道、以不同方式学习英语，进而激发学生的学习兴趣，开阔学习视野，以补充和拓展英语教材。教师要鼓励学生多多进行交换阅读，以最低的成本阅读到最多的资源。其目的是让学生在口语输出时，能有话说，说有趣的、最新的话题，同时保证英语词汇的不断积累。教师可鼓励学生将每天的所学所得与大家共享。

3. 挖掘微信资源，利用零碎时间

微信是一个非常不错的学习资料来源库，订阅号种类齐全。通过搜索，教师可以定制英语口语精华、每日英语、掌中英语、VOA 慢速英语等订阅号，并在课堂上与学生共享，告诉学生每个订阅号的优点以及如何学习订阅号的内容。例如，VOA 慢速英语有听力原文、有翻译、有词汇，还有配比的英文，非常适合学生在空余时间不多的情况下花几分钟听一听，使学生充分利用手机资源和边角时间，发挥钉子精神，提高自己的英语听力和口语技能。

4. 利用课堂 5 分钟，多元话题训练

教师应该给学生布置口语任务，每节课利用 5 分钟进行主题演讲，主题包括人际关系、风俗文化、休闲运动、交通、文学与艺术、日常生活、旅游、现代科技、语言、环境保护、生命教育、就业等。学生可以根据自己的兴趣选

择，利用网络资源，在课外时间进行整合，制作出精美的 PPT 以及文稿，于课前 3 天发送给教师，教师审阅并修改后即可返还。在课堂中，学生提前将演讲涉及的单词和词组写在黑板上，可以使演讲信息能被听众最大化地接受。要求学生演讲的过程脱稿，PPT 上也不建议大量的文字布局。学生尽可能地在 5 分钟里结合 PPT 图片和简单的关键词给予同学们精彩的展示。演讲完毕，还需要有提问环节，可以是演讲者问同学，也可以是同学们问演讲者，教师最后提问演讲者，并给予点评。学生的资源来自网络，话题之广让同学们在课前就颇感兴趣，具有一定的吸引力，这有助于提高学生学习口语的兴趣。同时，教师将所有的 PPT 资源汇集成文件包，定期上传到百度云空间，提供链接给学生，学生可以及时下载共享学习。例如，学生可以将视频、歌曲、书刊节选、图片巧妙融合，结合关注点极高的话题聚焦演讲环节，将导入、呈现、互动、提问等多种活动精心设计，为同班同学呈现一场演讲。教师因为之前看过学生发送的资料，可以提前准备一些问题以引发学生思考和讨论。这样，口语课堂效率将会大大提高，师生每一次上完口语课，都会感觉收获颇丰。

（四）英语阅读翻转课堂教学实施

1. 注重个性化英语阅读

"以学生为中心"的语言教学必须建立在了解学生的外语学习水平、认知风格、情感动机等因素的基础上进行，这从客观上要求英语学科必须实现个性化教学。随着国家英语学科新课程标准的实施和推进，个性化英语教学是当前英语改革的必然趋势。对于学习外语的学生而言，阅读是一项极为重要的语言技能，个性化英语阅读教学能否有效开展有着至关重要的意义。

教学需要教师培养学生对阅读的浓厚兴趣，发展学生敢于质疑的思维，通过互动交流来赏识和评价学生。在阅读一系列的相关文献之后可以发现，个性化阅读教学有以下基本特征：学生能够进行个性化阅读；学生在阅读过程中发现的问题可以得到教师个性化的指导；学生有充分的时间进行阅读后的讨论和交流；教师对学生的观点和见解进行个性化的反馈。

个性化英语教学策略主要包括以下四个方面：（1）培养学生的自主学习能力，如教会学生准确使用工具书、参考书，培养自主阅读的习惯和指导学生运用正确的自主学习方法。（2）因材施教，把学习风格和个性化教学完美结合。这就要求英语教师在教学过程中不断关注和了解学生的学习风格，并及时通过调整自己的教学方式来有效地调动学生的学习动机并激发他们的学习潜能。（3）开发非智力因素，培养学生的创造性。英语教师可以通过充分利用教材、时代信息、课堂生成等资源对学生进行情感、态度和价值观的教育，让德育自然流畅地渗透融化于语言教学的过程之中。（4）倡导合作学习。合作学习本身包含学生对自己学习负责的基本要素，同时合作学习又是自主学习的延伸和发展。合作学习是促进个性化学习的一种重要手段，从而真正促使学生实现个性化的发展。

2. 增强课外阅读

一个人语言能力的提高仅凭课堂教学是远远不够的，他必须有适当的课外阅读。课外阅读是课堂教学的继续和补充。课内是有限的，课外是无限的，学生课外阅读既能巩固和扩大课堂的教学成果，又能提高学生的阅读能力和写作水平，还可以扩大学生的知识面，有助于提高学生的综合人文素养和语言综合运用能力。在实施素质教育、进一步深化大学英语教学改革的今天，大学英语课外阅读仍然是大学英语整个教学过程中不可或缺的重要组成部分。增强课外阅读的方法包括以下几点。

（1）结合课堂教学内容，开展课外阅读活动

人如果能及时复习所学内容则有利于延长记忆，使知识得到巩固和积累。课外阅读是课堂教学的继续和重要补充，无论采取何种形式，其目的是为课堂教学服务的。因此，教师应充分利用学生课堂上所学的内容，积极开展有主题的单元阅读活动。例如，当我们学习 Love 的课内阅读时，教师可以要求大家以课本为轴心，设法找到一些与本文内容或体裁相近的文章进行比较，开展窄幅阅读，这样可以使学生对某种体裁的文章结构及措辞用语有深刻的体会和了解。这是一篇回忆父亲的记叙文，深挚的感情和生动的细节是文章能打动人的主要因素。在学习过程中，教师一方面要求学生掌握记叙文的写作方法和句子结构；另一方面则要求学生把它和朱自清的著名散文《背影》进行比较，通过对比了解中英语言文化的异同，这样有助于学生提高自己的欣赏水平。课后阅读的文章要求学生采用泛读的形式进行处理，其主要目的是培养学生英语阅读的理解能力并积累语言文化背景知识，扩大学生的知识面，增强学生的英语语感和培养学生的阅读兴趣。

（2）结合学生的专业情况，开展有特色的阅读活动

大学英语作为一门公共基础课，面对的是来自不同专业的学生。而大学英语课堂教学的基本任务是保证多数学生获得大致相同的语言知识和技能，教师必须考虑大部分学生的语言接受能力，难以照顾到每位学生的具体状况，也很难顾及学生所学的专业情况。为了弥补这一缺陷，我们应充分利用课外时间，开展与专业相结合的丰富多彩的英语课外阅读活动。如对中文系开展以阅读名著为主的阅读活动，金融系开展与金融英语相关的阅读活动，电子商务专业组成以商务英语为主要阅读内容的阅读小组，国际审计系以文化、会计、财务等

为内容开展阅读活动。这些活动主要由学生自己组织完成，教师仅给予适当的指导。通过这一活动，学生的语言知识和专业知识将得到巩固，学生与学生之间的交流机会增多，学生的综合能力将得到培养和提高。

3. 注重文化导入

语言是思想的外壳、文化的载体，换言之，语言与文化密不可分。随着人类社会的形成和发展，语言储存了不同民族在漫长历史演变中的民族特色和文化心态。文化方面的差异、背景知识的欠缺会直接影响到阅读的每个层次——从单词到文章整体的理解，可以说学生对阅读理解的多少与深浅，在很大程度上取决于他们对文章所涉及的文化背景知识掌握的情况。大学英语的阅读材料涵盖了人文、历史、地理、政治、科学以及风俗民情等方方面面的知识，这就要求教师必须考虑到英美文化输入的问题，在激发学生阅读兴趣的同时，提供多种形式的英美文化背景知识，帮助学生认识西方社会。教师应该鼓励学生结合所学的教材内容，进行广泛的阅读，从童话、小说、戏剧到科普读物、时事新闻都要涉猎，并学会做读书笔记、写读后感，通过各种途径积累深厚的文化背景和社会习俗等，通过对文化背景知识的了解和学习，提高学生的阅读水平。

4. 根据学生需求设置大学英语阅读课程

阅读课的教学设计、流程和方法可以不断改进，课堂教学却难以摆脱以往的教学模式，即所有的学生无论起点如何都必须按部就班地在教师的指导下开展阅读学习。这样的学习在很大程度上已经无法满足不同学生的需求。

目前很多学生希望从英语阅读课中学到四方面的内容，即语言知识、阅读技能、文化背景、语言应用能力；很多学生对三种类型的文章感兴趣，即时文报道、科技文章和文学作品（小说诗歌等）。此外，现在的大学生有强烈的自主学习的愿望，他们不喜欢传统的"填鸭式"的教学法，不喜欢死记硬背，而愿意开动脑筋自己思考。

因此，教师应该根据学生的需求设置大学英语阅读课程。首先，除了传授语言及文化知识外，还要增加阅读策略的训练，即教给学生一些阅读方法或步骤，这可以起到事半功倍的效果。具体来说，教师可以在课堂教学的过程中穿插一些如归纳中心思想、分析文章结构、推测词义、理解作者意图等认知策略（cognitive strategies）的训练。其次，教师完全可以吸收学生参加选材，作为课本的补充材料或者与课本共同使用。由于学生对自己选择的材料有兴趣，我们甚至可以让他们把材料读懂，到课堂上来给其他同学讲解。这样的活动可以使学生有一种主人翁感和责任感，因为这时的学习已经完全变成学生出于内在动机主动要做的事，而不是因为要完成作业或通过考试不得不做的事。最后，教师要采取能够最大限度地调动学生自学能力的方法去组织教学，以满足他们的学习需求。

（五）英语写作翻转课堂教学实施

英语写作课堂"翻转"，首先需要在课前将与写作的基本原则、主题句、段落的展开方法等有关的学习资料上传到学生学习平台，让学生结合教材和上述学习材料课下完成自学。之后，教师只需在课堂上进行讲评和指导自学效果，酌情在课上或课下布置适量的写作任务练习。这样做不仅能使课堂效率得到明显提高，同时也很好地培养了学生写作表达的自主学习能力。

这类课程不仅需要完成英语写作课程本身的写作训练，还需要将学生的写作训练引向现实生活，使学生能够结合实际应用提高写作能力，并在英语写作学习中关注、思考和理解社会生活，进一步地提升人文素质。为了实现这样的教学目标，教师可要求学生课下能动地完成资料搜寻和选择任务，最终确定写作题材和作文的有关学习资料，包括写作方法、常用句型、范文等；同时，要求作文写作题材涉及社会和校园的热点问题，对于网络时代的社会、生活、交通和教育问题，以及学生学习和择业等切身问题都有所关注。学生作文完成后，教师先不直接打分评价，由学生在网络中自行提交批改，经过多次批改修正后，再由同学间相互交流作文并相互给出评价，最后才由任课教师酌情评价，以达到自主学习、协作学习和充分利用在线资源的教学目的。

（六）英语翻译翻转课堂教学实施

1. 观看课前视频

由于英语翻译这门课要掌握一定的翻译理论，同时需要通过大量例句来阐述英语的语言特点并掌握其翻译技巧。所以，视频中有很多是针对例句的详细解释说明。这就要求学生们不能只是听懂视频，还要自己对所学的课程内容进行总结、归纳、整理，也就是要记笔记。所以，教师会要求学生提前观看视频，并于课堂上提交笔记，并且要求学生在上课之前准备好自己的问题，对没听懂的知识点进行提问。同时，在视频制作时教师要制作一些小测试，让学生们观看完视频之后，进行自我检测，这样就能知道自己有哪些知识点的遗漏，以便学生可以及时复习和巩固。

2. 课堂提问

在课上可先针对课前视频进行提问，提问是师生双向进行的。即先由学生对老师进行提问，这个环节学生针对自己课前学习时有疑问的地方提出问题，老师会先征求其他同学的答案，再公布正确答案。学生对老师提问之后，老师还要针对课程中的重要知识点对学生进行提问，检查学生的掌握情况，如果出现普遍的对某个知识点的理解错误或欠缺的地方，再针对个别知识点进行二次课堂讲解。

3. 课堂练习

英语翻译最重要的就是实践练习，通过大量的翻译练习来融会贯通。否则，只知理论，没有实践就是空谈，理论的东西也会很快忘记。在练习中掌握知识，积累经验，翻译才能得心应手。在传统的教学模式下，教师在课上用了大量的时间进行理论的讲解和说明，以至于占用了学生的练习时间，采用了翻转课堂的教学模式之后，使课上的练习时间可大大增多。在进行翻译练习的时候，教师可以把学生分成几个小组，小组里的成员一起研究讨论，提交一份练习答案，由各个小组派一名成员进行统一发表。由于是翻译课，所以对于一个练习可能会有很多种不同的翻译答案，这也会给学生们提供更多的思路和参考，这又比传统的教学模式中让学生回去自己做练习的方式效果要好得多。最后，老师会推举更合适的答案，并把不适合的答案进行比较讲解，避免学生以后犯此类错误，这种形式可开阔学生们的思维。

4. 结课考试

英语翻译课的结课考试可采取和传统的教学模式相一致的课堂考试形式。给学生发放试卷当堂作答，然后进行统一的评分。之所以没有采用网络线上考试的方式，还是考虑到学生的自觉性和作弊的可能性，另外还有网络的稳定性等因素。在具备当堂考试的条件下，还是课堂考试的效果更好一些。不过，对于学生最后的成绩评定，参考了网络教学中对视频观看情况和小测验完成情况的分值，作为平时成绩的一部分加以核算。最后的总成绩包括了课前学习情况、课上发言情况、结课考试成绩等诸多要素。对学生的评定也更客观、更全面。

第四章　高校英语信息化教学方法创新之移动学习

随着移动信息技术的发展，移动终端的普遍使用为高校教育教学改革提供了新的启迪。大学英语能力培养作为我国高等教育的重要组成部分引发人们的广泛关注，移动教学也逐步被运用到了教育教学中。

第一节　移动学习的基础知识

移动学习是指一种在移动设备帮助下能够在任何时间、地点进行的学习，它所使用的移动计算机设备必须能够有效地呈现学习内容并且提供教师与学习者之间的双向交流。其内涵是：首先，移动学习是在数字化学习的基础上发展起来的，是数字化学习的扩展，它有别于一般学习。其次，移动学习除了具备数字化学习的所有特征之外，还有它独一无二的特性，即学习者不再被限制在电脑桌前，可以自由自在、随时随地进行不同目的、不同方式的学习，学习环境是移动的，教师、研究人员、技术人员和学生都是移动的。最后，从它的实现方式来看，移动学习实现的技术基础是移动计算机和互联网技术，即移动互联技术。

一、移动学习的要素

移动学习由学习主体、学习设备、学习资源、学习环境、学习系统、学习活动组成。

（一）学习主体

移动学习的学习主体范围非常宽泛，只要是需要进行学习，并具有一定的学习设备如智能手机、平板电脑等设备，即可在任何地点、任何时间开展移动学习，而不受学习者年龄、性别、学历、职业等的制约。

（二）学习设备

移动学习是在移动设备帮助下开展的学习。那么学习设备必须要符合移动学习的特性——便携性和通用性，学习设备可以是智能手机、平板电脑、笔记本电脑等。

（三）学习资源

移动学习的学习资源和传统的学习资源在结构和内容上都有较大的区别。在移动学习环境下，学习者使用的设备越来越丰富，而不同设备对资源的需求不尽相同。因此在设计移动学习资源时，要注意学习资源设计的规范性和自适应性。

在学习资源的内容设计上也要注意移动学习的片段化特点，移动学习资源一般是以知识元为核心，把移动学习资源进行分割，按知识元之间的内容，将之连接成一个知识系统。学习资源的设计还要考虑到学习者在进行移动学习时，一般都具有较强的学习动机，移动学习资源的设计要明确、直接、可预览。

（四）学习环境

移动学习环境是指学习者进行移动学习的虚拟环境，移动学习基于互联网环境，使学习突破时间和空间，跨越不同环境开展学习。在学校领域里，移动学习越来越被用作衔接正式学习与非正式学习的手段，通过移动学习设备来支持和连接学习，把课堂内外的、校园内外的学习紧密结合在一起。

（五）学习系统

学习系统是根据学习目的和学习内容来设计的系统。针对不同的学习目的和学习内容有不同模式的学习系统，一个完整的移动学习系统包括对学习者的学习支持、为学习者提供良好学习体验的自适应设计、相关学习消息的推送、支持线上线下操作的学习培训、支持合规性和规范性需求、提供操作性指南。移动学习系统可以分为移动学习用户端和移动学习管理端。移动学习用户端是学习者进行学习的途径；移动学习管理端是进行学习系统管理的平台，是学习系统的管理人员进行学习通知发布、学习任务发布、学习资源上传、学习者数据分析等操作的平台，是移动客户端的支撑平台。

（六）学习活动

对于学生来说，进行移动学习时学习的自由度比较大、自主性比较强，因此组织好学习活动对于保证移动学习的高质量有重要作用。移动学习的学习活动设计也是非常重要的。移动学习活动设计不仅要具有教学设计的思想，还要考虑到移动学习的特点，重视学习者的移动学习体验。

移动学习活动设计，主要包括学习者特征分析和教学情境分析、教学内容和教学目标分析、学习资源的设计与开发、移动技术与教学环境的整合、移动教学策略的设计及移动学习结果的评价。现在比较常见的移动学习模式有翻转课堂和混合学习等。

二、移动学习的基本模式

（一）基于互动形式的移动学习

互动形式主要是指基于即时聊天软件比如微信、QQ 等进行的语音、文字、视频等多种形式的互动学习。互动性是这一模式最为突出的特点。因为可以通过压缩软件传送大容量的文本信息、视频信息，能够实现长时间的视频交流，营造真实的学习情境，实现较为丰富的教学活动，所以，互动形式的移动学习可以进行较为深度的知识学习。

（二）基于邮件形式的移动学习

现在许多商业网络运营商都提供了非常丰富和个性化的邮件服务。一是提供大容量的邮件传输服务；二是提供邮件存储服务；三是提供手机邮件绑定服务，能向用户及时提供新邮件通知。所以，邮件作为移动学习模式也已经越来越频繁，最突出的表现就是班级公共邮箱的出现。一些教育机构和老师为班级开通了公共邮件用以传送文本资料、视频资料、音频资料。邮件服务不受时间限制，资料可以长期保存，很受欢迎。

（二）基于音视频点播形式的移动学习

远程教育机构一般都设有完整的课程资源制作中心。每年都会根据教学需要拍摄大量的音视频课程资料，建设学习资源超市。这类学习资源既有重点难点分析，也有课程知识的系统讲座，既有 5 到 8 分钟的微课资源，也有系统的课件。学习者可以根据自己的需求在课程资源超市里随意点播自己喜欢的课程资源。音视频点播不受时间、地点限制，既可以在线播放也可以下载存储之后随时播放。

（四）基于课堂直播形式的移动学习

课堂直播也称为直播课堂，是指远程教育机构利用网络和多媒体技术在网上对授课课堂进行直播。课堂直播结束之后又可以转为视频资源供学习者随时点播。直播课堂是对课堂教学的完整再现，直观而生动，无论是在线直播还是视频点播都不受地点限制。这种学习模式能够再现教学情境，把学习者带进真实的学习课堂，充分发挥课堂教学的作用，有效地帮助学习者抵制移动学习过程中可能出现的各种干扰。

（五）基于资料收集形式的移动学习

这里所说的资料分为两类，一类是教育机构通过学习平台提供的教学资源，另一类是散落于互联网空间的各种学习辅助资料。学习资料的下载主要是学习者基于自我需求而主动通过互联网实施的学习行为。这是能够充分体现个性化学习需求的移动学习形式。

三、移动学习的技术支撑

移动学习的优势之一是可以使用各种现代化的可移动性便携设备为基础工具传播学习知识。如今，随着智能手机在我国的广泛普及，其方便携带功能多样等优点当之无愧地成为最适合移动学习的终端设备，下面以智能手机为例，对移动学习的技术支撑进行分析。

（一）移动终端

智能手机除了具有一般电话的拨打接听、发送短信息等基础性的功能，还具有无线接入互联网的能力、PDA 的所有功能、具备开放性的操作系统以及各种人性化的服务等特点。此外，作为移动学习的终端设备，智能手机还拥有许多优于其他移动终端的功能或特征。

1. 可移动性强

从智能手机的重量、大小、无线接入互联网功能以及目前使用情况可以肯定，智能手机是最便于学习者携带的移动终端。

2. 连接性强

智能手机可以通过移动网络、无线网络等实现与网络的连接，还可以通过蓝牙实现与其他手机或电脑的连接，亦可以通过 USB 与电脑相连实现与 PC 客户端的同步，可见智能手机的强大连接功能。

3. 实时交互功能强

学习者之间除了可以使用语音功能、短信息功能实现即时沟通外，还可以使用智能手机的第三方软件，目前的智能手机社交类软件十分丰富，实时互动功能十分强大，便于学习者之间的即时沟通以及信息与知识的共享。

4. 良好的多媒体支持

智能手机拥有丰富的多媒体功能，支持各种格式的音频播放器视频播放器，图片软件能够简单地查看编辑本机的图像，照相机功能可以媲美正常的照相机，另外还有录音、文档处理等多种多媒体功能供学习者使用。

5. 信息处理能力强

目前的智能手机都能够编辑 Office 文档，查看 PDF、TXT 等多种格式的文件，利用第三方软件编辑图像、音频视频等功能。

智能时代已经到来，智能手机市场竞争日趋白热化，智能手机在屏幕分辨率、摄像头分辨率等功能上不断优化，相关的各种新技术、设计等方面依然会继续开发，这些都为移动学习的研究和开展奠定了基础。

（二）手机操作系统

在智能手机等终端上，随着硬件的不断扩展，应用软件的数量越来越丰富，这一条件也是智能手机得到大规模推广的重要原因之一。目前，在手机、平板电脑等移动设备上普遍应用的主流智能操作系统包括 Android、ios、Linux、Blackberry、Windows Mobile 等，这些操作系统都在以不同形式进行版本的更新，具备便捷性、开放性，支持互联网访问等优良特性。智能手机依靠无线网络技术连接互联网，通过自带浏览器可以轻松的访问互联网上的各种音视频、动画、文字资源。而对智能手机操作系统的种类多、系统支持的软件格式不统一等问题，开发一个可以兼容多种智能手机平台的学习系统软件所需要付出的人力、时间是非常大的。因此，根据现阶段的国情，利用智能手机自带的浏览器或第三方软件，通过 Wi-Fi、4G 等无线网络去访问在线学习系统，是一种最为经济、快捷的实现手段。

（三）网络通信技术

无线通信技术为移动学习提供网络支持服务，是移动学习中不可或缺的一项重要因素。在国内无线通信技术已经变得越来越普遍，大部分城市已经铺设公共 WLAN。目前比较常用的无线局域网（Wireless Local Area Networks）通常也被称为 WiFi，大约可用在 100 m 左右的范围内，提供无线接入点和相关联客户端之间的协议。WiFi 利用射频的技术，取代传统的电缆连接方式，只要提供者在机场、车站、图书馆等地设置"WiFi 热点",那么移动学习者就可以通过无线网络学习。无线网络使用便捷,无需提供者铺设网络布线接入,使用者也无需用数据线连接,为移动学习提供了重要的技术支撑。

目前,不仅支持移动学习的智能设备进入白热化的发展阶段,支撑移动学习的重要基础设施也得到了前所未有大面积铺设与发展。目前我国的 4G 网络已经覆盖除少数乡镇外的全国大部分地区,与此同时,5G 技术也在迅速发展。可见,移动学习所依赖的移动互联网支撑环境正在不断完善,这将为移动学习提供更可靠的硬件支持。

(四)移动流媒体技术

流媒体是指采用流式传输的方式在 Internet 播放的媒体格式,如音频、视频或多媒体文件。[①] 那么移动流媒体,显而易见,就是指依托现有的通信技术在移动终端上播放流媒体文件,总结起来,移动流媒体技术的特点有以下两个方面。

1. 即时播放音频、视频等多媒体内容

移动流媒体可以让用户通过手机等移动终端一边下载一边播放声音、影像或动画等内容。这样,学习者不必将学习资源全部的下载到手机上,节省了学习者的时间,同时也就提高了学习的效率。在使用流媒体的过程中学习者可以自行选择需要学习的内容,比以往被动地接受式学习更加有自主选择权,互动性更强。

2. 流媒体播放内容无需保存

流媒体最大的特点就是不需要下载学习资源,数据流随时传送随时播放,不占用手机内存,节省时间与空间。

(五)移动学习系统和资源开发技术

目前较为成熟的应用程序都是基于 WAP 技术的移动学习系统,基于 WAP 的移动学习系统内容呈现清晰、内容适应性高,几乎所有的智能手机均可以使用。移动学习资源是指将数字化信息资源通过移动通信等技术呈现在使用移动设备的学习者面前。移动学习资源形式多样,从技术角度看有短信形式的移动学习资源,网页形式的移动学习资源,流媒体形式的移动学习资源等;从知识与技能的角度看有来源于课本的移动学习资源,来自期刊的移动学习资源,来自课外书籍的移动学习资源等。移动学习系统和移动学习资源是相辅相成的,

---

① 浦绍争. 网络流媒体技术及其应用 [J]. 电脑知识与技术,2007(7).

移动学习系统即是学习资源呈现的渠道，同时移动学习系统的好坏也直接影响移动学习资源的呈现方式。

移动学习主要依赖于移动学习资源的建设，可以说移动学习资源是影响移动学习效果的最直接也是最基本的要素，移动学习系统等技术支持是一个"外壳"，学习者真正需要的是移动学习资源，失去了移动学习资源的移动学习是空洞且没有灵魂的学习。目前的学习资源非常丰富多样，但并不是所有的资源和内容都适合移动学习，移动学习资源需要根据移动学习的特点展开，这样才能发挥出移动学习的真正优势。

四、移动语言学习

随着移动技术的不断发展，诸多与外语教学需求相匹配的特性显现出来，使得相关方面的研究逐渐升温，逐渐形成较独立的研究领域，即移动技术辅助语言学习（Mobile Assisted Language Learning，MALL）。实际上，应用教育技术促进外语教学应该充分考虑技术和语言特点的结合，每一种技术对于语言学习来说都有其特定的长处。因此将移动学习应用于外语学习，实际上是将移动技术的某些特点（不同于以往的语音处理技术、多媒体技术和有线互联网络技术）充分用于实现外语教学的需要，从而达到外语学习者更为方便地学习和提高学习效率的目标。

（一）移动语言学习的概念

移动语言学习是移动学习的一个分支，由于其利用个性化和便携式手机、平板电脑等移动设备进行学习活动的特点，而有别于计算机辅助外语教学。移动语言学习是指基于学习者的移动学习和基于移动设备的语言学习，强调了学习主体和学习设备的移动性[1]。

移动语言学习具备学习可持续性、自主性和跨媒体之间互动的特点，突破了传统的课堂限制，为语言学习者创造了丰富、真实的语言交际空间和体验，它使学习者不再受限于学习地点的限制，实时主动地参与语言交际互动。学习者能够基于各种实际语言交际需求和文化体验来综合实践各项语言沟通技能，掌握新的语言知识。同时，移动语言学习促进了学习者的身份认同感，为身处各地而又有共同学习目标的学习者构建了一种潜在的学习社区，并强化了学习者之间的关联性。

---

[1]　徐贺兵. 基于微信的多模态词汇移动语言学习模式研究［J］. 兰州交通大学学报，2015（5）

（二）移动语言学习的优势

移动设备的不断普及和应用为外语的移动学习提供了有效的技术支撑，总的来看，移动技术辅助语言学习体现出以下几方面的优势。

1. 移动学习的泛在性使随时随地学习成为可能

智能手机等移动设备具有很好的便携性，学生可以随身携带并在任何有学习需求的地方进行学习，移动设备以其便携性和所承载的图、文、声并茂的多媒体学习资源恰能为学生的英语学习创设一种"无处不在"、丰富而生动的语言交际学习环境。学习者可以随意支配时间和把握空间，并获取语音、视频、数据等多媒体信息，从而无限延伸和拓展传统学习的内容和形式，使学习自然融入工作、生活和社会中。这为外语的学习创造了良好的学习环境，使学生有充分的机会锻炼听力和口语，以量变产生质变，在耳濡目染中增加自信心并获得能力的提升。

2. 移动学习的及时性能够创设真实的情境化英语交际环境

移动学习又可称为及时（just-in-time）学习。学习者处于不同情境中产生学习的需求，可以利用移动设备进行学习，如果遇到困难，则通过无线通信技术与 Internet 相连来查询相关的信息，以满足当时的学习需求。语言学习的目的是在不同的场合中恰当地运用语言进行交际，教师要尽可能地把学生置于真实的交际环境中，让学生亲自体验言语交际的真实过程，这是培养英语交际能力的首要条件。显然，移动学习的及时性特征可以使特定情境中的语言学习更有效。

3. 移动学习的交互性能够创设良好的心理环境

学生在移动学习中的交互体现在两个方面：一方面可以通过方便快捷的人机交互获取丰富的英语学习资源并进行个性化的学习体验；另一方面，移动设备架起了连接学生个体、他人、家庭、社区和社会的良性交际环境，将学生的自主学习、协作学习、家庭教育、学校教育融为一体，构建起一种人文交互和交际环境。这为师生之间、生生之间的交互提供了方便，学生在与教师自然而亲切的交流中获得知识，消除情感障碍，克服恐惧和自卑心理，为课堂学习做好准备。而学生之间的交互可以增加彼此的了解，也为学生之间的课内和课外的合作学习打下了基础。

4. 移动学习的多媒体特性有利于培养跨文化交际能力

外语的学习离不开文化的渗透，将语言学习与文化相结合是必要的。大多数移动设备支持文本、音频、视频和动画等多种媒体类型，可以为学习者提供声文并茂、有声有色、生动逼真的教学材料，学生利用无线网络连接可以随时获得一些与学习内容有关的多媒体资料，特别是音、视频片段，这些预先设计好的语言与文化相融合的片段可以让学生在文化的背景下学习语言，可以使学生更好地了解文化差异，提高语言表达的恰当性和得体性，不但为课堂教学节省了时间，更实现了语言学习与文化的交融。

5. 移动学习的个性化方便进行因材施教

因材施教的前提是教师要全面了解每个学生的特征，但是在有限的课堂时间内想要做到这一点是很困难的。而学生利用移动设备进行学习的过程是个性化的，他们选择的学习内容、交互情况、作业完成情况都能够记录下来，教师可以进行形成性评价，了解不同学生的情况，并在此基础上进行因材施教。比如某些学生因为缺课等原因进度较慢，或者课上没有完成学习任务，教师可以利用播客技术将授课内容录制下来并推送给学生，学生也可以利用播客的方式将作业反馈给教师，这种课外的互动增进了师生之间的了解，使教师真正实现在尊重每个学生个性的基础上进行素质教育。由此可见，移动技术辅助语言学习在扩展学习时间、丰富学习交互、提高学习效率等方面具有无可比拟的优势，我们应该运用移动技术将课内与课外连通，使学生有更多接触英语的机会，为学生进行听力和口语学习提供全方位的支持。

第二节　移动学习应用于大学英语教学的特点

移动学习是指学习者在自己需要学习的任何时间、任何地点通过无线与无线设备和无线通信网络获取学习资源，与他人进行交流与学习。移动学习作为一种碎片化学习方式，通过把零散的学习内容逐渐的构建起来形成一系列的知识构成。移动学习具有以下几个方面的特点。

一、流动性

移动学习可以不受时间和空间上的限制，学生可以自由的随时随地学习。目前，随着智能手机、便携式电脑以及 iPad 等移动通信设备的普及以及 WiFi 等在大学校园的很大程度上的覆盖，使得大学生在学习的方式和场所以及学习资源都具有灵活性。移动学习的流动性使得大学生拥有更多的自主权，改变了以往处于被动学习的状态，在一定程度上极大地提高了学习的兴趣及动力。

二、实时性

随着移动技术以及互联网的迅猛发展，大学生可以通过移动学习及时地获取最新的丰富学习资源。由此可见，不但能够拓展学生的知识面，同时也可以扩散大学生的思维。因此，移动学习很大程度上对传统的大学英语教材具有补充的作用。同时，大学生可以通过移动学习和老师同学进行自主地交流，以便其他同学和老师掌握最新学习情况。

三、交互性

通过移动学习，学生和老师可以随时随地的进行交流，这就使得师生之间的互动变得更加真实、自然和亲和，从而很大的提高学习的积极性。与传统的学习方式不同，通过移动学习，大学生可以无拘束的展示自我，畅所欲言，从而消除心理障碍，克服心中的恐惧和不安。

四、自主性

通过移动学习，大学生可以根据自己的时间以及需要，甚至是自己的学习水平自主的安排相适应的学习内容和进度，自主的选择学习内容、学习方式和学习时间以及地点，从而达到不受时间和空间的限制进行有效的学习。移动学习确保了学生作为学习的主体，主动参与到学习的过程当中，允许学生有选择的权利，使其进入自主、个性化的学习中。

第三节 基于移动学习系统的大学英语听说教学模式的构建分析

一、移动技术支持的大学英语听说教学模式模型的设计

(一) 总体思路

"移动技术支持的大学英语听说教学模式"是建立在课外自主学习与课内互动学习这二者交互作用基础上的一种混合教学模式。简单地说，这种模式可分为课前预习、课内练习与课后探究三个阶段，实现以下五个维度的混合。

1. 课内正式学习方式与课外非正式学习方式的混合

此模式将口语学习的一些环节延伸到课外进行，弥补口语课堂教学时间有限的缺憾，学生通过课外的非正式学习来了解与口语学习内容有关的外国文化知识，并通过课外的反复听力和口语练习提高准确性和流利性。课外非正式学习成为课内正式学习的有益补充，学生既能做到课前的充分准备，又能在课后进行更高层次的学习。

2. 课内教师讲授式教学与学生自主式学习的混合

课内正式学习阶段，与听力和口语技能有关的语言知识的学习是十分必要的。在课堂教学时间的前段，由教师讲授语言知识，包括词汇、语法、语音、语调等，并结合课前学生接触到的外国文化知识，对本节课的听说学习内容进行详细讲解。而课堂教学时间的后段，学生通过小组互动的方式进行自主学习，并在互动中锻炼听力和口语技能。根据学习内容的实际需要，教师灵活安排课堂的教学与学习方式。

3. 课堂教学中的教师主导性和学生主体性的混合

课堂教学阶段遵循何克抗教授提出的"主导—主体相结合"教学结构，既要发挥教师主导作用，又要充分体现学生的认知主体作用。无论是前段的语言知识讲授还是后段的语言技能操练，教师都是指导者和组织者的身份，通过支架式教学策略逐步引导学生从语言知识的学习过渡到语言技能的习得，并帮助学生掌握学习策略。而学生作为认知主体要充分参与进课堂学习中，摈弃传统教学模式下的被动接受知识状态，互动中进行有意义的学习。"参与"本身

就是一种学习，是学生主动建构的过程。

4. 教与学过程中的传统媒体与新媒体的混合

混合式教学模式中的教学媒体具有多样化特征，教师和学生根据实际需要来选择适当的媒体进行学习，如语音室、影音资料、多媒体计算机、计算机网络、手机、笔记本电脑、学习机等媒体类型，实现传统媒体与新媒体的混合。

5. 教学内容上实现英语语言知识与英语听说技能的混合

此模式打破传统课堂重知识轻技能的弊端，实现语言知识和听说技能并重，充分的语言知识学习是发展听说技能的必要条件，而听说技能的提高又可以反过来促进学生对语言知识的更深理解，在听说中养成用英语思维的习惯和语感，有利于阅读和写作能力的提高。

（二）移动技术支持的大学英语听说教学模式的内涵

1. 将移动技术作为模式实施的支持技术

混合学习是将传统学习和数字化学习方式相结合，当时的数字化学习主要是以网络化学习为代表，也就是说当时提出的混合学习方式支持技术主要是多媒体技术和计算机网络技术，而计算机网络技术更多的是采用有线网络的方式。

移动技术的技术特点和外语学习自身的特性两方面有着极佳的匹配性，移动技术支持的语言学习具有许多优势，在国外的实践中也取得了显著的成效。因而除了运用以计算机网络技术和多媒体技术为代表的典型的数字化学习手段之外，还可以利用移动技术的便捷性和交互性等特征，以移动技术为支撑，构建混合式听说教学模式，从而将课内课外打通，为学生提供无缝的英语学习空间。

有关移动技术支持的外语学习实施方式有基于短信息的学习方式、基于无线浏览的学习和基于多媒体播放器的下载学习方式，而本模式中涉及的移动学习实施方式可以根据实际情况将这三种实施方式进行优化组合。

2. 模式的类型是"课内外深层次整合模式"

信息技术与课程深层次整合的类型分为课内整合和课外整合两种。目前，大学英语授课教室几乎都能实现多媒体教学，那么此模式中的课内教学主要就是传统教学与多媒体教学的混合，并且在课内学习阶段可以利用手机和英语学习机来辅助学习，而在课外学习阶段（包括课前和课后）移动技术发挥着关键作用，能利用自身的便捷性将学生的零散时间充分利用起来，在整合后的时间里为学生提供充裕的预习和复习时间，来作为课堂教学的有益补充。

在本模式中，课外学习部分主要体现移动学习等数字化学习方式的优势，使学生可以利用更多的零散时间进行课外学习，这种课外学习的效果会直接影响课内的教学。而将传统教学和多媒体教学组合的课内教学阶段的效果又会影响学生对于课外深入学习的投入程度。由于课内学习与课外学习二者之间的紧密关联，因此将本模式界定为"课内外深层次整合模式"。

3. 模式的核心思想是利用"情境"连通课堂内外

外语学习是依赖"情境"的。本模式利用多种信息技术使情境认知与英语学习紧密结合起来。课前预习阶段是教师创设情境，引学生入境于课内学习阶段是通过互动使学生体验情境，实现学生的主动学习课后扩展阶段，促使学生演绎情境，通过不同学习方式对所学内容进行扩展，实现高层次的意义建构。可以说，本模式利用情境在教师与学生之间、学生与知识之间搭建了一座桥梁，使学生的学习活动得以连贯、畅通。原本时间有限的课堂教学得以延伸开来，在学生的课外零散时间内，都能够有针对性地进行听力和口语学习。

二、移动技术支持的大学英语听说教学模式的实施步骤

(一) 课前预习阶段——教师创设情境，激发学生的学习兴趣

此模式中的课前学习阶段主要以移动学习的方式进行，充分利用移动学习的便捷性，使学生能频繁地接触到与课堂学习内容有关的信息从而进行预习，为课堂学习阶段的教师因材施教和学生主动学习打下基础。

每次课堂教学都有固定主题的内容，在课前教师将与此主题有关的相关背景知识与文化知识发送给学生，提前为学生创设固定的情境。这一阶段以语音输入材料为主要的学习资源，教师将精心准备的多媒体语音内容以播客的方式推送给学生，学生通过听力理解对内容进行自主学习，并以回答测试题的方式进行反馈。当学生对预习内容有问题或想要进行更深入地了解的时候，可以通过移动设备与教师进行交流或通过无线接入互联网的方式进行学习。此阶段的目的是为接下来的课堂学习打下基础，学生在这一阶段的投入程度和预习效果直接影响学生在课堂学习阶段的学习起点和学习效果。

1. 教师的行为——创设情境

教师在课前预习阶段主要是引导者和决策者的身份，一方面，引导学生接触到适当的学习资源，使学生为课堂学习做好充分地准备；另一方面，通过学生的反馈和与学生进行交流等方式确定学生的最近发展区，为下一阶段的课堂教学部分进行因材施教提供依据。

(1) 创设情境，激发学习兴趣

一方面，教师准备的预习内容大多数以英文新闻、原生电影的片段英文歌

曲等视音频的形式呈现，这些声情并茂、丰富多彩的多媒体内容能够激发学生的学习兴趣。另一方面，这些多媒体内容大多数是预测性任务。为了让学生对课堂学习产生兴趣，课前的预习内容以文章的标题和开头、电影的宣传片或新闻采访的人物介绍等形式构成，具有一定的预测性，事先为学生创设了固定的学习情境，目的是提前引导学生进入情境，为课堂上充分而有效地互动交流争取更多的时间。学生可以对听力材料进行大胆的猜测，其实是提前让学生进入所听的话题的讨论中，产生对接续内容的强烈的求知欲，从而更积极地投入课堂学习中。

（2）了解学生特征，确定个体的最近发展区

学生在听完预测性听力内容的基础上，通过回答简单问题的方式进行反馈。例如，在听完一段英文新闻之后，要求学生回答新闻事件发生的时间、地点、人物等基本信息，测试学生对关键信息的捕获能力，要求学生对新闻内容进行简短评论，测试学生对篇章内容的整体把握。教师通过这种方式掌握每个学生的当前发展水平，确定个体的最近发展区，从而为课堂教学的分层教学提供依据。同时，学生也可以提出自己的想法和建议，帮助教师更好地选择课堂教学内容与形式。

2. 学生的行为——感知新知，明确学习任务

学生在教师创设的固定的情境中接触到新的知识和相关的文化背景知识，并有的放矢地进行学习内容的预习和提前练习。

（1）对学习内容进行提前预习

学生在这个阶段要实现在思想上和语言材料上做好充分的准备，使自己能够更好地投入接下来的课堂学习。

一方面，学生通过学习教师提供的预习内容，能够获得更多的语言接触，激活已有的相关的背景知识，为学习新的知识做好准备。学生将感知的单词、短语和句子在自己的语言体系中"对号入座"，然后学生下意识地将所获得的信息组织起来，形成初步印象，进入了情境。

另一方面，学生可以利用移动设备进行随时随地的学习，对听力内容反复理解，提炼重点，思考他们要听的内容和要说的事情，在课前的大量充分练习能够使学生获得自信心的提升，经过充分准备的学生在课堂上才会有话可说，有助于在课堂产出阶段更好地使用语言。

（2）初步了解语言的文化背景

由于语言与文化的紧密结合，在培养语言运用能力的过程中必须重视文化知识的结合。特别是中外文化的差异使得英语的听说教学要把文化知识作为必不可少的一部分内容。在混合式听说教学模式中的课前预习阶段，可以利用无

处不在的移动学习方式让学生提前感受文化知识与语言的结合，从而在理解文化背景的前提下掌握对语言的运用。在课前阶段进行这项工作，可以大大节约课内教学的时间，使课内时间可以被更有效地利用。以英文新闻、原生电影的片段、英文歌曲等形式为主的课前预习内容，都是与文化密相关联的，学生可以通过移动与无线通信技术在网络上获得相应的文化背景，这样再进行听力内容的理解往往是准确的恰当的。当有了文化背景知识的支撑，学生在后续课堂上的学习就会事半功倍。

3. 实现条件

课前预习阶段的时间没有固定要求，每个学生根据自身的情况利用移动设备充分利用一切可以利用的零散时间来进行学习，教师的教和学生的学以及师生之间的互动通过以下几种手段进行。

（1）短信息和移动 QQ 实现实时和非实时交流

这种方式是日常生活中最常用的交流方式，由于学生群体的集团号等资费上的优势成为最受学生欢迎的一种方式。而且，教师可以利用群发软件实现一些公共信息的发送，也减轻了教师的工作量。教师传递学习提醒、资源的超链接和简短的测试题目，学生发送反馈答案或提出问题，在短信互动平台上实现教师与学生的双边互动。

移动 QQ 是能够促进情感交流的一种方式，师生利用手机登录移动 QQ 可以进行实时和非实时的交流，实现信息的及时传递，惟妙惟肖的 QQ 表情也能拉近师生的距离。

（2）利用便携式移动设备实现多媒体播放

学生将教师推荐的学习资源下载到多媒体播放器中，实现随时随地的收听，在反复收听中增加语言输入，是为课堂学习阶段的语言输出做好积累。

（3）上传和下载语音录音

教师可以实现录制标准的口语片段，学生下载后进行反复收听，在模仿中不断地纠正自己的错误，并可将自己的口语录音反馈给教师，获得评价和建议。

（4）通过有线或无线连入互联网进行资源浏览

在预习阶段对异国文化知识的积累是十分必要的，通过连入互联网的方式查询资料，为课堂的学习预备相关的背景知识。

（二）课内学习阶段——学生通过体验情境来掌握语言知识和语言技能

在课堂教学中要打破传统的单一讲授式教学方式，通过多媒体技术和移动技术与英语听说课程的整合，改变教学内容的呈现方式、教学方式和学习互动方式，借助强大的信息技术认知工具和丰富的学习资源，促进学生在真实语境中解决复杂问题能力的发展和整体素质的提升，从而提高英语课堂的实效性。教师在恰当的时机指导学生利用英语学习机、手机和音频播放器等移动设备进行自学自练，在需要反馈的时候利用手机短信的方式掌握课堂即时教学的效果，及时调整教学，学生也可以在恰当的时候利用手机上网查询资料。在整个课堂教学阶段，教师要采取支架式教学策略，从讲授者逐渐向指导者、监控者等身份过渡，将课堂学习的主体权移交给学生，使学生在情境中体验语言，积极思维，进而有意义地学习。在这个阶段，既有传递—接受式学习方式，又有学生的自主学习，还为学生之间的合作学习提供条件。

1. 教学环节

学习是学生主动建构知识的过程。学生不是简单被动地接受信息，而是对外部信息进行主动的选择、加工和处理，从而获得知识的意义。学习的过程是自我生成的过程，这种生成是他人无法取代的，是有内向外的生成，而不是由外向内的灌输。因此，教学活动必须建立在学生的认知发展水平和已有的知识经验基础之上，体现学生学习的过程是在教师的引导下自我建构、自我生成的过程。

（1）教师讲授新知

由于口语交际要以一定的语言知识为基础，无论是听力还是口语能力的提高都离不开词汇、语法和句式做基础。由于语言知识具有系统性和可教性的特点，适合在课堂上由教师讲解的方式进行，因此教师首先讲授与主题相关的词汇和语法知识。并且，在课前预习阶段，教师通过推送的方式已经预先提示学生将要在接下来的课堂教学中学习的内容，并配合文化背景的渗透让学生做好准备。这样，课堂上再讲解词汇和语法就会使学生更容易理解和记忆。

（2）学生通过听力理解来认知新知

教师播放与知识点相关的听力内容，学生对词汇、句式等语言知识在实际语境中的运用进行认知，学生利用手持设备反复收听听力理解内容，教师通过适当的提问引导学生对材料进行深入的思考，教师根据学生的回答及时掌握学习情况，针对学生遇到的听力困难及时进行听力策略的训练。学生通过大量的听的活动，扩大语言的输入量，从而实现在大量的语言接触中逐步学会语言规则和吸收语言词汇。

（3）教师启动互动活动，学生体验情境，演练技能

在有教师控制的演练新知阶段，通过教师精心设计的互动活动，使学生在类似真实的情境中反复操练，在与他人的合作学习中加深印象，加强记忆。采用听说结合的方式，让学生在情境中练习语言形式，并通过指导学生掌握学习

策略，使学生从语言知识的掌握上升为语言技能的演练，为后面的真正的交际任务的完成做好铺垫。在此阶段，教师要针对学生在互动中的个人表现进行评价，为不同水平的学习者布置不同难度的任务。还要进行口语交际策略的训练，通过选择适当的口语练习材料，使学生在开始交际时面临一定的挑战，在排除困难的过程中使用恰当的交际策略来完成任务。

2. 实现条件

（1）多媒体技术

多媒体技术是一种信息处理技术，是指把文字、图形、图像、声音、动画、视频等多种媒体信息通过计算机进行数字化采集、获取、压缩、解压缩、编辑、存储等加工处理，再以单独或合成形式表现出来的一体化技术。因此，多媒体技术的实质是一个处理和提供文、图、声、像等多种信息的计算机系统。

随着计算机和信息技术的发展，多媒体技术给大学英语听说教学带来了丰富的资源和先进的教学手段，大学英语听说课堂由于引入多媒体而进入了一个全新的发展空间。通过多媒体信息技术与英语听说课程的整合，在文字与图片的组合中，在有声读物与动画、视频资料的渲染下，改变了教学内容的呈现方式、教学方式和学习互动方式，借助强大的信息技术认知工具和丰富的学习资源，促进了学生在真实语境中解决复杂问题能力的发展和整体素质的提升，从而提高了英语课堂的实效性。

（2）手持式英语学习机满足自主学习

英语学习机作为应用终端由于其体积小、价格廉价的优势普及面较广。较之其他的移动设备，学习机的网络连接功能有限，这恰恰可以满足课堂上学生学习行为可控的要求，便于课堂的管理，因此移动设备在课堂教学阶段的应用主要以学习机为主。学生在教师的指导和监督下利用学习机进行词汇查询、课堂录音和跟读对比等活动，满足课堂学生主动学习的需求。

（3）手机的短信功能实现课堂及时反馈

教师为了随时掌握学生的学习效果，在课堂教学的恰当时机要求学生用短信息的方式进行学习反馈，根据反馈结果调整教学步调、教学方法。为了避免阅读和编辑大量短信息而造成课堂混乱，教师可以采取适当的调控手段，例如仅仅要求对知识理解欠佳的同学发送反馈信息，通过这种私下的交流，避免了传统课堂中的学生由于"爱面子"而不敢提问的尴尬局面。

（4）利用移动设备上网查询资料

学生在课堂活动中会遇到词汇、用语、文化知识等方面的问题，可以在不影响教与学活动秩序的前提下利用移动设备上网进行查询，做到及时地解惑，这样才能使互动活动顺利、高效地完成。并且，这种在真实交流的情境中获得的问题解决往往是印象深刻的，更有利于学生在日后的真实交流中进行意义迁移。

3. 互动活动的组织

互动活动可分为师生互动与生生互动，使课堂上的听说教学在语言的海洋中更有效。实际上，在互动教学中，教师一直在扮演心理学家的角色。教师要在尊重学生个性差异的基础上设计和实施互动活动，给他们提供更多用英语进行双向交际的机会，对学生言语能力的点滴进步做出敏锐反应和及时的表扬，使学生既能体会成功又能看到自已的不足，从而调整自己的学习行为。

（1）师生互动

在听说课上，学生的说与教师的讲配合。教师利用具有知识性、趣味性和文化性的学习内容来组织学生进行听力理解、朗读、讨论等活动，在活动中，教师要控制课堂活动的节奏和时间，以保证活动的顺利进行和教学任务的完成。进行一系列的教学安排，教师先讲，学生后练，教师先做示范，学生及时领会教师提问，学生回答学生汇报教师点评教师设计任务，引导学生进行听说练习。听说课上的教师示范作用不可小视，可以让学生更有亲近感。教师在课堂上一直充当着"组织者""引导者""启发者"等关键角色，在学生遇到困难时，教师要给予适当的启发。这种师生互动关系消除了学生的敬畏和胆怯心理，能够活跃课堂气氛，使其学习积极性得到很大的提高

（2）生生互动

课堂上要把大量的时间留给学生，使他们有机会相互交流和沟通，从而起到一种"共振"作用，即"共生效应"，这种效应能使学生共同发展。通过小组讨论等方式，学生对话题内容进行深层次思辨，小组成员不仅要为自己的学习负责，而且也要为同伴的学习负责。

学生间的不同观点发生碰撞进而引发认知冲突，能够更加激发学生的学习兴趣和求知欲。学生由于有大量机会发表自己的观点与看法，倾听他人的意见，他们体会到了自己的价值和重要性，增强了主体意识，而且通过小组合作学习能够增加学生的归属感，减轻焦虑感，就能渐入学会、会学和乐学的境界。

如果在语言知识等方面遇到困难，学生可以通过移动设备进行查询，使互动可以连续地进行。并且这种生生互动可以培养竞争合作意识和人际关系交往的技能，为真实环境下的交际能力培养打下基础。

（3）自我互动

课堂上的自我互动是为学生提供自主练习的机会，学生可以利用移动设备

反复收听教师示范的录音或听力教材原音，并进行模仿、复述、口译等练习。这种互动是学生自主建构意义的过程，也是对知识的内化过程。课堂上要为学生适当地提供这种自我互动的机会，给学生深入思考的空间，这样才能使学生以最好的状态投入互动活动中。

（三）课后扩展——学生演绎情境，提高语言交际能力

学生通过课堂有组织的学习，已经对本单元的语言知识有了一定程度的认知和演练，并结合文化背景对语言知识有了更透彻的理解。教师在课堂教学中还针对学生的听说方面的困难进行了听力策略和口语策略的训练。可以说，在课前预习和课堂学习之后，学生已经基本形成了对单元内容的认知，并在听力的准确性和口语的熟练性方面有了提高。但这不是学习内容的终点，语言学习的目的是在语言情境中的运用，因此，在课后教师设计任务情境，布置需要合作完成的交际任务，使学生在生活中运用语言，在合作中进行探究，在演绎情境中逐步提高语言交际能力。

1. 学生的协作学习

课后的扩展任务属于高层次的思维活动，需要学生之间的协作学习来完成。同时，听说能力的切实提高需要在真实的语言交际中得以体现。学生通过完成教师布置的学习任务，将课堂所学知识在真实的情境中进行演练，能更清晰地体现出自身的语言交际能力水平。在协作学习中的讨论和协商都是用英语来完成，为了圆满完成任务，每个学生都要克服一切困难来实现彼此之间的交流无障碍。

2. 教师的监督指导

由于课后扩展阶段的任务难度较高，为了避免出现学生出现挫折感或应付了事的情况，教师依然要利用课前预习阶段的一些方法和手段来督促学生投入到学习中。不仅如此，教师要跟踪学生在协作学习过程中的参与度，与表现异常的学生进行单独交流，掌握情况以后有的放矢地进行个别化指导，这也为下一单元的教学提供借鉴。

3. 实现条件

与课前预习阶段相同，课后扩展阶段依然以移动技术和计算机网络技术为主要的支持技术，学生充分享受移动技术所带来的无缝的学习空间，在随时随地的学习中实现知识的扩展和语言交际能力的提高。

4. 活动的设计

真实的交际任务是一种真正意义上的语言运用，它为学生创设了一个交换信息、交流观点和情感沟通的自然的语言环境，有利于提高学生学习兴趣和学

习积极性，并在任务中互动，有利于交际能力的提升。交际任务可以有以下几种类型。

（1）信息差任务

教师布置任务的时候，将有关信息进行分解，每位学生只有部分信息，而这部分信息是完成任务所必需的。如果想要完成学习任务，就需要利用交际实现与他人的有效合作，将信息补充完整，最后齐心协力完成任务。由于学生都急切地想知道自己不知道的信息，这种任务促使学生积极地投入交流中，在协商中进行信息补充。这种任务不仅能提高学生的合作学习能力，而且能使学生练习交际策略。学生利用移动设备的录音功能对交际的关键过程进行录音，并上传至播客中，教师对内容进行评价，在形成性评价中发现问题并给予学生适当的指导。

（2）集体决策任务

需要每位学生在小组讨论中轮流发言，通过组员之间的沟通和交流，陈述可能做出的决定与决策依据，最后大家经过分析讨论达成共识，做出决策。在此过程中，大家的协商和讨论不仅能够锻炼口语表达能力，要想充分理解组员的想法就得保证在听懂的前提下进行讨论，因此对大家的听力理解能力也是一个很好的锻炼。并且，集体决策的做出需要每位组员在意见和想法上达成一致，这种协商也能促进合作能力的提高。

（3）探究性任务

通过给定主题，设计开放性任务，需要小组进行探究性学习来完成对特定主题内容的探究。在探究过程中，教师通过定期推送提示信息来为学生搭建必要的脚手架，引导学生顺利完成任务。由于探究内容的最终结果不是唯一的，可以培养学生的创新精神。

第五章　高校英语信息化教学方法创新之智慧课堂

　　智慧课堂是将先进的科技与教学有机融合的智慧型教学环境，是"互联网+"时代发展的产物，是针对教师和学生构建的智慧化的学习活动场所，从而使教学智慧化，更好地服务教育活动。本章首先分析了智慧课堂的相关基础知识，接着进一步分析了智慧课堂在英语教学中的特征、应用价值以及"互联网+教育"背景下智慧课堂教学模式设计，最后分析了信息化元素在高校英语智慧课堂构建中的应用。

第一节　智慧课堂的基础知识

一、智慧课堂的定义和特征

（一）智慧课堂的定义

　　智慧课堂是以智慧化教学环境的构建为基础，以培养学生创造性和批判性思维能力为目标，利用大数据、云计算、学习分析等信息化手段创新传统课堂的教学模式、学习方式与教学评价方式的新型课堂。

（二）智慧课堂的特征

　　智慧课堂的五大核心特征如下。第一，教学环境智能化：智慧式教学环境的建设包括录播系统、反馈系统、移动终端、智能触控、互动桌、电子书包等智能化的学习平台与终端，为教师和学习者提供了便利、智能化的教与学环境，促进智慧的教与学，体现了智慧式课堂教学环境的有效性、趣味性、个性化与适应性的特征。第二，教学模式创新化："互联网+"时代各种突破传统教育模式的在线教育教学模式不断涌现，如基础教育中的"翻转课堂"、自组织学习、个性化学习等创新型教学方式，其融合在线教育模式与传统学校教育模式的优势，这将有利于学校传统教育系统的重构。第三，学习方式个性化：网络时代的学校教学逐步由封闭走向开放，学习方式也日趋多元化、个性化，如碎片化学习、自主探究式学习等，学生学习方式的转变有助于促进学习者自主学习、创新能力的提升。第四，资源推送智慧化：智慧课堂为学习者提供了极为丰富的多媒体资源，教师根据学生的个性化学习需求及学习特征，有针对性地推送辅导资料。第五，教学评价即时化：通过大数据、学习分析技术、即时反馈系统等技术的应用，全程实时地记录与追踪学习者的学习状态，收集学生学习过程中的行为数据，用直观的数据了解学生对知识掌握的情况，实现学习评价的即时反馈。

二、智慧课堂的主要理念

"智慧课堂"不同于"知识课堂"，不同于"应试课堂"，也区别于"素质课堂"。事实上，"智慧课堂"的本质是一种追求创造性与智慧性，智慧课堂的目标指向学生，关注学生创造力的发展。教学内容、教学方式和教学策略等以学生的智慧发展为价值追求，以教师的教学智慧为根本条件，建立在教师独特的课程认识基础上，在教学设计、教学实施以及教学评价中体现"转识成智"，最大限度地促进学生智慧成长。

课堂理念不仅是对教学的理性认识，而且也是对教学的理想追求，是理性认识与价值追求的统一，它是教师在教学实践中形成的教学价值取向，是一种具有相对稳定性、延续性和指向性的教学认识和教学理想的观念体系。课堂理念是教师教学行为的理性支点，是教学实践的内在动力，课堂改革必须以课堂理念的突破和更新为先导。具体而言，智慧课堂的理念主要体现在以下几个方面。

（一）唤醒学生的智慧发展

教学不是要堆积知识，而且要唤醒学生的智慧和人格。课堂需要师生之间、生生之间知识的汇聚、思维的碰撞、思想的交锋、情感的融合，教师要学会等待和抓住教育时机，用一个智慧的生命去照亮许多智慧的生命，用一个智慧的心灵去唤醒许多智慧的心灵，智慧的课堂应该是探究未知，活化已知，充满生机。在智慧的课堂中，学生的兴趣会得到激发，探究的欲望会得到激活，知识的社会价值会得以体现；在充满智慧的课堂上，学生不再是唯唯诺诺、亦步亦趋、小心翼翼。这样民主平等、宽松和谐的学习环境，吸引着每一个学生进行智慧的碰撞、情感的融合、心灵的交互，学生的思绪得以飞扬，灵感得以激发，智慧得以生长。

学生的智慧成长是一个隐性的、内含的综合整体，是学生自身发展达到的一种境界和水平。如果从客体与主体的关系来看，人的智慧成长主要包括对外部对象世界的认识和把握（理性智慧）、对外部对象世界的能动改造（实践智慧）以及对对象世界与主体世界关系的认识和把握（价值智慧或情感智慧）。

教育在学生的智慧发展特别是早期的智慧发展方面，发挥着不可替代的作用。在长期的教学实践过程中，由于人们的教学价值取向不同，对于学生智慧培养有着不同的侧重。传统教学受到赫尔巴特（Herbart）理性知识观的影响，在教学价值取向上较为关注学生对外部对象世界的认识和理性知识的掌握。随着人本主义的发展以及实践教育学派的兴起，教学价值趋向多元化。一方面，学生程序性知识的获得和学习与实践能力的发展在课堂教学中受到重视；另一方面，学生的德性和情感等价值观念的形成也日益成为教学的主要目标之一。智慧课堂教学培养学生智慧具体表现在以下三个方面：

1. 突出学生的创新精神和创新能力的培养

培养学生的创新精神、创新意识和创新思维能力是智慧课堂教学的主要目的。追求智慧的教学更多地关注未来和未知的世界，培养有智慧的学生必须要培养他们不盲于书本或者权威，敢于质疑和反叛，敢于以全新的富有个性化的眼光进行独特的思维，能以科学的精神和创新意识审视固化的定理、传统的习俗和仪轨，以独特的视角去质疑、去诠释、去进行解构和重构。创新精神就是力求发现和解决新问题的进取精神，崇尚真知和追求真理的科学精神，百折不挠的奋斗精神。智慧课堂突出培养创新精神，就是要突出创新欲望的诱发、创新热情的激励、创新实践的指导、创新目标的实现以及创新成果的评估，以促进学生创新意识的发展。创新能力是一种复杂的综合能力，主要由创新思维、创新人格和人的知识技能等多种因素构成，其中创新思维作为人类心理的高级过程，是创新型人才的重要标志，是人的创新能力的核心，其集中表现为思维具有流畅性、灵活性、独创性和精进性等品质。而创新人格集中表现为创新的个性品质，如好奇心、想象力、挑战性和冒险性等。学生的创新能力的"新"主要表现在思维的角度和方法的新颖，因此，智慧教学要鼓励学生独到的观点和新颖的结论，形成自身独特的思维方式，善于突破常规，从创新的视角认识事物的本质，提出解决问题的方案。教师要培养学生善于发现挖掘思维的新起点，寻找思维的新视角，同时把顺向和逆向、发散和聚合等多种思维方法综合运用，从而产生创新成果。

2. 突出学生的学习智慧发展

对于人的生命而言，智慧表现在对问题的处理、对危难的应对和对人生实质的思考等方面。在学生的学习过程中，智慧表现在如何获取知识、处理知识和应用知识，即统率知识方面。"用智慧统率知识"这个宣言的核心理念就是召唤人们去做"知识经济时代"的主人。真正的学习活动就在于能把握和领悟知识本身的意义，并能把它们转化为自身的能量——智慧。学习既是一种认识活动，也是一种实践活动。学习就在于转识成智，它是在实践活动中通过认识世界和认识自己的交互过程来实现的。

智慧课堂教学从学生的和谐发展出发，以知识习得和经验内化为基础，进行学生智慧的建构和情感的生成。课堂中学生学习智慧的培养主要是通过教师的学习策略和学习能力教学来实现的。教师以教材为载体，依据学生的个人学习条件，有计划、有目的、有系统地在传授知识的过程中教会学生掌握学习策略、学习技能、学习规则和学习方法，教师通过对学生的学习策略教学，促进学生的创新思维的发展。教师使用学习策略进行教学，带来的效果是学生某些创新素质的改变。随着学生创新素质的改变，他们会不断地产生新见解、习得新知识和掌握新方法。这些新见解、新知识和新方法就是一种经验的升华，一种能力的再现，一种智慧的孕育。

3. 突出学生对生命智慧的关注

生命智慧指的是主体运用已有的知识和经验对自己与他人、与社会、与自然关系的积极审视、理解与洞察，并对他人、社会、自然关系给予历史的和未来的多种可能性关系的明智、果敢的判断和选择。生命智慧指向人的积极的、良好的、可持续的生存和生活状态，指向人的现在及未来生命价值观的实践。教学的目的不仅是让学生获得知识，而且还要凸显知识的生存价值，使人在与知识的相遇和互动中，在对知识的体悟中，获得积极的有利于人类美好生活的生存意义。个体学会选择和享用知识、在知识世界中寻求生存或生活的力量与意义、不断提升生存的智慧才是智慧教学的全部意义所在。课堂教学本质上是一种为了学生智慧生成的活动，学生在教师的教学智慧引领下，通过学生在课堂中的经历、体验、积淀和生成的过程，自觉地将自身所获得的知识与理论内化和升华为对生命的智慧理解。

课堂教学是教师和学生共有的人生中的重要生命经历，是他们个体生命的有意义的构成部分。课堂作为提升师生生命质量的重要阵地，要时刻浸润着对生命成长的热爱，只要带着生命的热忱进入课堂，用心去发现并用心去体验，用心去实践，教学才能涌动着生命的灵性，课堂才能充满智慧的灵光。为此，教师首先引入"生活化"的课程内容，关注学生现实生活，关注学生的学习兴趣和体验，让学生在与生活的沟通中体验；其次，教师要创设生动有趣的教学情境，以便加深学生对知识的体验，激发学生的悟性，开阔学生的思维，促使学生从对单纯知识技能的追求转向对存在意义的探寻，从而不断地超越自我，走向更为宽广的世界；再次，教师要放手让学生在实践中去体验，在生命体验的运动中体现着生命的成长，展现着生命的活力，不断创造更为广阔的精神视野。实际上，教学过程不是单纯的师生之间的知识的"授—受"过程，而是师生之间一种生命与生命的交往、沟通、发展过程，它是一种生命存在的基本方式。

在智慧的课堂中，学生会体验到求知的愉悦和求真的快乐，师生的智慧之花会在互动与对话中绽放。在智慧的课堂里，教师积极地投入教学改革和实践智慧的提炼，享受着生命智慧和个人价值的快乐。教育者要从生命的层次出发，用动态生成的观念重新全面认识并整体构建课堂教学，为不同层次和不同特点的学生提供不同的机会，让每个学生的潜能都得到最大程度的释放。

（二）强调师生的情智交流

传统的教学论把教学当成特殊的认识过程，其主旨在于课堂教学是一种游离于实践而又局限于教材领域内的特殊的认识过程。其实，课堂教学应该是教师传播或点拨知识本身的意义，并让学生把它们转化为自身持续发展的能量——智慧的活动。

课堂教学既是一种认知成长的活动，也是一种与经验实践相关的活动。因此，智慧课堂的教学过程强调师生在认知与情意方面的交往和情感与人格方面的沟通交流，即教学过程是一个师生的情感与智慧交流共生的过程，是一个以情换情、以智启智、情智交融的过程。

1. 情感的交流

这里所说的情感指的是广泛意义上的人的一切态度体验，包括情感体验。其核心意义指的是情感作为一种心理过程反映客观事物与人的需要之间的关系，并通过一系列的态度体验，形成各种性格特征，如态度、价值观和意志品质等情感过程的结果，也属于情感的范围。美国心理学家霍夫曼的研究揭示出，情感是认知加工过程的促动力量，在不同的情境中，情感会对认知加工起不同的作用，有时是引发，有时是终止或中断。情感可能同时导致选择性加工，即决定对环境中哪部分信息进行加工，并影响对加工方式的选择，同时情感对于回忆以及决策和解决问题都将产生深刻影响。其实在多数情况下，情感过程中总渗透着认知过程，认知过程也总是伴随着情感过程。情感过程激发、推动和维持着认知过程，认知过程则深化和发展着情感过程。情感作为一种重要的心理因素，并不是认知活动以外的心理过程，它是与认知活动同时发生并伴随认知活动始终的同一心理过程，它是认知主体结构中一个必不可少的非智力因素。它与其他主观因素一起构成了学生认知活动的内部状态，并以复杂的形式作用和影响着学习主体的认知活动。

2. 经验的分享

从教学过程的本质特征来看，智慧课堂的教学过程是师生共同交往与成长的动态过程。

（1）教学过程是师生和生生之间互动交往的过程，智慧的生成是基于知识经验并在知识经验的交流中得以提升的过程。师生和生生的互动通过智慧的激发生成了智慧的"教学相长"，有效地促进教学主体之间认知、情感和价值观等方面的经验交流。他们在课堂教学中通过语言的或非语言的方式来了解对方的同时，互相欣赏和肯定，在彼此分享中共同发展。师生和生生之间通过思想和心灵的碰撞，获得经验知识的成长、观念的提高和精神的升华。他们之间的差异是客观存在的，这种差异不仅表现为知识、经验的不同和情感体验的不同，而且也表现在价值观上存在差异，相应地在人格特点、人生态度和处世方法上也必然存在差异。因此，在互动的过程中，学生之间在认知和情感方面进行互动的同时，也必然进行着价值观的互动，这种影响是潜移默化的，无意识的，但对于学生的影响往往是深刻的，甚至是伴随其一生的。

（2）教学过程是一个师生共同创造的过程。教学过程是一个动态的、不断发展的过程，需要教师不断地研究和反思。在教学前，教师要研究教学目标和教学内容，还要了解学生的知识基础、学习风格、能力水平和背景因素等基本情况，从而为教学设计提供基础。然而，实际教学过程是复杂的。尽管教师考虑到具体的教学情境，考虑到教学过程中的互动因素，教学也不能简单地按事先的计划进行。在具体教学过程中，教师要研究如何应对课堂生成的问题，如何应对偶发事件，如何调动学生的学习热情，并且在教学结束后，教师还应反思教学过程和教学结果。因而，教师的创造性主要体现在如何将教学进行得更好，如何启迪学生的智慧，如何触动学生的心灵。对于学生来说，智慧课堂的学习过程也是一个充满创造性的过程，学生在有意义地接受和发现中学习，特别是在发现学习过程中经历了尝试和探究。在布鲁纳提出的"发现学习"中，学习就是智慧的开启，虽然智慧的开启离不开知识，但发展智慧不能简单地依靠知识的习得，而应依赖于学生的主动思考与探究。在这种学习中，学习者处于主动和发现的地位。学生的学习是知识的获得、运用与转化为智慧的过程。在此过程中学生体验到发现的快乐，寻找到学习的源头，获得了对生活世界的真实理解，享受到创造的愉悦。

（三）关注学生智慧发展过程

教学评价是对教学活动的价值判断，是衡量教学活动参与者发展状况，并旨在改进教学方法、提高教学质量的重要途径。智慧课堂的教学评价理念打破了以往将评价简单视为选拔和甄别学生的手段的观点，重视促进学生个体的发展，促进学生潜能的开发和智慧的生成。这种教学评价关注学生的课堂表现及发展过程。其具体体现在以下两个方面：

1. 关注对学生学习过程的评价

在教学改革的推动下，教材以学生活动为主体内容的立体表达方式取代了过去以知识叙述为主的线性表达方式。这势必要求教师必须尽可能地引导学生参与教学过程，并且通过课堂教学评价过程，特别是通过对学生学习过程的评价，转变学生学习方式，改变教学方式，优化课堂教学。一般从学生的情绪状态、参与状态、思维状态和交往状态等来判断一堂课有效与否。这种情绪状态、交往状态和思维状态等是在具体情境中发生的，是不可预期的因素，教师如果能够及时捕捉这些鲜活的信息，就能够产生许多生成性资源。实际上，课堂生成资源的有效性如何，对学生智慧发展的即时评价起着很大作用，它或者可促进有效生成，或者可延缓甚至阻碍有效生成。赞赏或批评能促进情感的生成，点拨能促进能力甚至智慧的生成。当学生在忙乱而无头绪时，点拨能帮助他找到新思路；当个别学生回答中有创见时，赞赏可将其转换为全班同学的财富；当学生有了细微的进步和变化时，在教师的关注下能继续保持进步；当学生发生争论时，能碰撞出思维的火花。所有这些都是有效的课堂生成，都可以借助评价的力量来进行。课堂教学是预设和生成的统一体，只有开放和生成的课堂，才能构建起充满生命活力和智慧的课堂。教师运用教学机智，适时地把握教学生成资源，对学生学习过程中的发展给予及时地评价，才能更有效地促进学生学习能力的发展。

2. 关注对学生智慧发展的评价

注重发展的课堂教学评价致力于学生的发展，是将学生视为活生生的、有主见、有尊严和有感情的发展主体，将其看作不断成长和有不断发展需要的生命体；评价不是作为控制学生精神和行为的手段，而是探索学生在发展过程中的困惑、疑问、欣喜和满足等生命体验的途径。评价过程是一个充满人性关怀和充满理解与对话的过程，要尊重每一个学生独特的精神世界、心灵体验和建立在此基础之上的独特的智慧表达，使评价活动成为师生之间平等的交互活动，通过评价活动有效促进学生智慧的迸发、智慧的共享和智慧的共赢。为有效进行对学生智慧发展的评价，应做到以下两点：

（1）要着眼于学生主体的全面发展。智慧课堂的教学评价内容不应仅关注学生的知性和理性智慧的发展，更应该关注学生的情感、意志、态度和价值观等方面的发展。在对学生的学习进行诊断性评价时，如果不考虑到学生的学习态度与学习动机就很有可能出现"误诊"，更难以做到全面而深刻的评价。

（2）要着眼于学生主体的差异。在发展多元智能的主要倡导者——美国心理学家加德纳（Gardner）的思想中，测验或考试把学生进行了分类并贴上了标签，判断的往往是学生的弱项和短处，而非学生的强项和长处，多元智能理论给我们的启示是：每个人可能拥有多元智能即不同的潜能，智能之间的不同组合体现出个体的智能差异，因此，教学评价应关注学生的起点差异、潜能差异和个性发展的差异。这种强调个性和差异的评价观，要求教学评价的指标和标准要多元化，并关注其开放性和差异性。

（四）相信学生具有智慧潜能

每个孩子都有智慧，孩子们的智慧不在于有没有，而在于你相信不相信、发现没发现。只有坚信，人们才会努力地发现和开发。每个孩子都有不同的智慧，有不同的优势和强项，智慧在不同的学生身上有不同的色彩。智慧教育在于发现不同孩子的不同优势，拓展他们的发展空间，引导他们的发展方向。这就要求教师做细心与耐心的观察者和全面与深入的勘探者。

智慧教育是面向全体学生的教育，不是面向少数学生的教育。我们反对精英主义教育，而智慧教育却可使学生成为不同领域的精英。人只有在自由状态才会迸发创造的灵感，智慧教育要给学生自主发展的自由，并指导学生合理地利用自主支配的时空。

在传统的接受学习中，学习内容以定论的形式直接呈现出来，学习建立在人的客体性、受动性、依赖性层面上，学生是知识的接受者；在现代的自主、合作、探究学习中，学习内容以问题的形式间接呈现出来，学习建立在主体性、主动性、创造性的基础之上，学生是知识的发现者。学习以弘扬人的主体性为宗旨，有利于促进人的可持续发展。以探究方式来建构知识，一堂课或许就是一次探索知识宝库的"神奇旅程"。在旅途中，教师只是一个资历较深的"同行者"。学生可以有自己的行进路线，允许走"弯"路、走"错"路。但因为是自己走出的一条路，学生在沿途能领略到无限风光，能采撷到丰硕的成果。陌生世界中的一个个疑团成为吸引他们走完全程的动力，而行程中的挫折、失败都是他们记忆深刻的体验。当这次发现知识的学习旅程成为一种内在需求时，学习就有了主动性，越学越想学、越学越爱学。当学习潜能被充分开发，学习经验不断积累时，学习就有了独立性，不仅"我要学"而且"我能学"。

第二节 智慧课堂在英语教学中的特征以及应用价值

一、智慧课堂英语学科的特征

（一）试卷批阅的智能化

运用高精准度的手写文字识别、自然语言理解、智能评测等科技手段，实现计算机智能辅助阅卷，特别是主观题智能阅卷，自动生成考试和作业报告，提供各类答题结果的大数据分析。针对英语作文分项能力趋势分析、学生作文异常数据分析、学生作文常犯错误分析等，实现了基于智能批改和数据分析的英语习题讲评，能够准确把握学生答题状况，实现"精准教学"。

（二）听说测试的标准化

标准化的英语听说考试通过全自动评分技术，用于考前模拟测试和训练，它能够自动分析学生的英语听说考试成绩，生成智能评价分析报告，最大限度地减轻了英语教师的阅卷负荷。其还能非常智能地诊断出学生的学习问题，从而为考生提供有针对性的指导，以便于以测促学的落实，真正提高学生的实际听说能力和水平。

二、智慧课堂英语学科的应用价值

（一）实现英语课堂的"精准教学"

试卷批阅的智能化通过各类答题结果的大数据分析，特别是针对英语作文分项能力趋势分析、学生作文常犯错误分析等，解决了传统阅卷无法解决的问题，实现了基于智能批改和数据分析的英语习题讲评。它能够使得教师能够准确把握学生答题状况，有针对性地制订教学方案，实现教学决策的数据化和"精准教学"，构建大数据时代的信息化课堂教学模式，以实现"以学定教、智慧发展"的中学英语个性化教学，提高课堂的教学效率。

（二）推进高校英语的听说教学

标准化的英语听说考试智能评测系统实现了自动化考试和评分，并且最大限度地保证了测试的公平、公正性，解决了传统的英语听说考试中的各种问题，避免了人工评分中能力、情绪、疲倦等主观因素的影响。它使得考试组织高效有序，降低测试成本，同时它有利于以测促学，促进高校英语的口语教学，改变"哑巴英语"现状，真正实现各项相关的英语教学目标，其更符合社会的实际需要。

第三节　"互联网+教育"背景下智慧课堂教学模式设计

一、智慧课堂教学模式构建

美国乔伊斯（Joyce）和威尔（Will）是最早提出教学模式一词的教育家，根据他们的教学模式理论，我们得出智慧课堂教学模式的构成要素，其包括实现条件、智慧教学目标、智慧教学活动和智慧教学评价等。下面将围绕这些核心要素进行模式构建，如图5-1所示。

从图5-1中可以看出，智慧课堂教学模式的最终目标是促进学生的智慧生成，最终目标的实现依靠每一个具体目标，根据教学内容的不同其又分为三维目标。学生智慧的成长是需要教育者的悉心栽培和正确的引导。图5-1中的实现条件是外部的支持条件，其包括教学工具（智能移动终端）、智慧技术（智慧学习技术）、教学环境（智慧学习环境）和教学资源（智慧学习资源）。除此之外其还包括教与学的主体，即教师与学生，作为教师要及时转变教育的观念，提高信息素养，要突显学生的主体地位。师生的互动和师生关系主要体现在智慧教学活动中。智慧课堂教学活动分为三段，即课前、课中和课后。每一个阶段都有其基本的步骤，这些教学步骤并不是一成不变的，教学者可以根据实际情况做出相应的调整，以符合教学的需要。最后是智慧教学评价，它包括线上评价和线下评价，线上评价贯穿于课前、课中和课后三个环节，评价的数据也是传统课堂所采集不到的学习数据。线下评价主要是课中学生的学习，包括课堂状态、学习成果和自我评价。此外，图5-1中并没指出智慧课堂教学模式的理论基础，因为理论基础是蕴含于智慧课堂教学模式之中，它时刻指导着教学目标、教学活动和教学评价的实施。

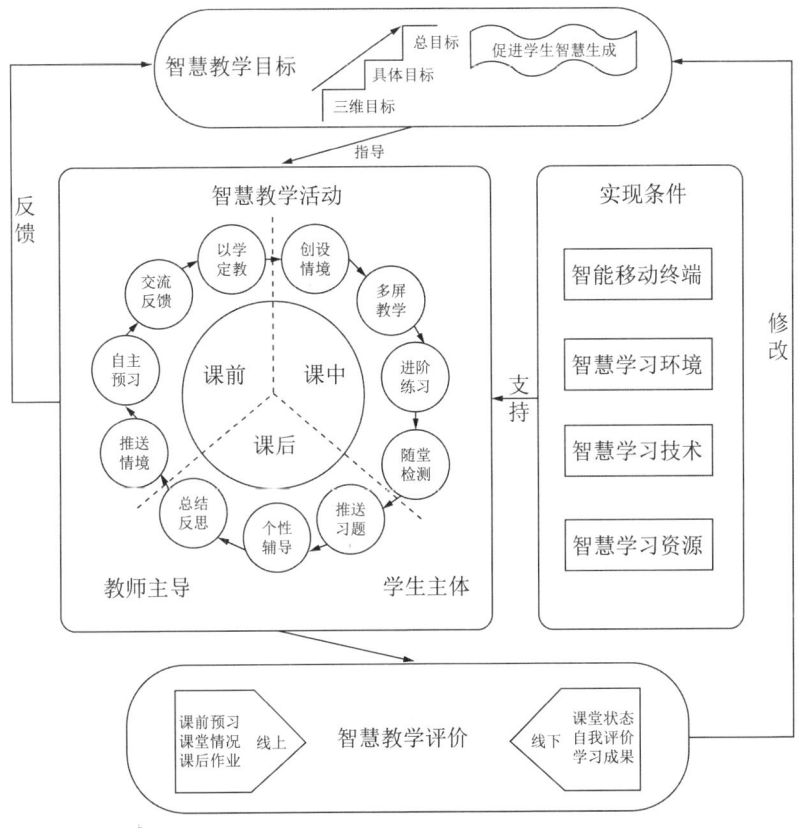

图 5-1　智慧课堂教学框架图

二、"互联网+教育"影响下智慧课堂教学的实现条件

(一)智能移动终端

对于智慧课堂概念的理解有很多种,这里偏向于技术支持的课堂,强调智能移动终端的应用。智能移动终端是指嵌入计算机系统的设备,在日常生活中,比较常见的就是智能手机、平板电脑、智能手环等。它们具有很多特性,如移动性、便捷性、实时性、可靠性、多任务性等。随着移动互联网技术的发展,移动学习逐渐成为现代人不可或缺的一种学习模式。随之相关的是移动学习设备的涌现,它们能够支持学习者在任何时间、任何地点进行自主学习。

智能移动终端具有以下几个特点:在硬件方面,智能移动终端集 CPU、存储器、输入和输出部件为一体，是兼具通信功能的微型计算机；在软件方面，智能移动终端如 PC 机一样具有操作系统，目前用户应用较广的是 iOS、Android、Windows 系统。如今这些操作系统越来越开放并免费提供给用户使用，因而基于这些操作系统的应用也越来越多，涉及人们生活的方方面面，包括教育、游戏、娱乐、购物、音乐、社交、体育、新闻等。在通信方面，智能移动终端支持多种网络标准，如 GSM、WCDMA、WiFi 等，具有接入方式灵活和高带宽两个性能。在功能方面，智能移动终端相比以往更加人性化、智能化，功能也越来越完善。

智慧课堂教学模式中的智能移动终端指的是智能手机，智能手机进课堂的应用前景十分广阔，手机的大屏化和多功能化使得其逐渐替代平板电脑和其他移动设备，在教育领域有着不可估量的用途，其主要概括以下几点：（1）社交功能。智能手机不仅可以用来收发讯息，还可以通过微信、QQ 等聊天工具进行交流。除了文字交流，学生利用智能手机还可以与教师、同学之间进行语音和视频交流。（2）搜索查询功能。学生在学习的过程中遇到问题经常会上网搜索查询，智能手机和 PC 机相比方便携带，使学生可以随时随地的查询信息，及时答疑解惑。（3）教育类应用。关于教育类的应用层出不穷，比如有关时间管理的、各类考证、语言学习、学科学习、视频公开课、开发智力等的应用，这些应用涉及面广，能够满足不同学段学生的需求。（4）拍照录音功能。在课堂中学生经常会把教师讲的重点内容用笔记录下来，但往往因为时间问题会记不齐全。通过智能手机的拍照功能，学生能够及时记录下来以便课后查阅复习。除了拍照，学生还可以通过手机对教师所讲重点部分进行录音，以便课后查漏补缺。（5）阅读观看功能。阅读主要指的是电子书、新闻等文本材料，观看指的是观看优秀微课、公开课、新闻等视频材料，学生能够充分利用排队、等车等时间进行碎片化学习。

（二）智慧学习技术

智慧课堂教学模式的实现少不了各种智慧技术的支持，这里的智慧学习技术指的是新一代信息技术，包括大数据、学习分析、人工智能、物联网、云计算等。

随着信息技术的发展，海量数据不断涌现，人类开始进入大数据时代。大数据具有五个基本特征：容量大，指的是数据的数量；种类多，指的是数据的类型；速度快，指的是获取数据的速度；真实性强，指的是数据的质量；价值大，指的是数据所创造的价值。大数据要想充分发挥其价值和作用，少不了学习分析技术的支持。学习分析技术是对学生学习过程中产生的海量数据进行分析，并评估学生学习情况，预测未来趋势，从而发现潜在的问题并想方设法予以解决和优化。

师生在教学的过程中会产生大量的学习数据，传统课堂和数字课堂由于技术的原因无法捕捉这些学习轨迹。如今在大数据技术的支持下，智慧课堂借助智能移动终端能够详细捕捉师生教学过程中所产生的数据，并使之可视化，这些数据能够帮助教师分析学生的学习情况，并做出教学决策，提高教学的效果。

（三）智慧学习环境

学习环境包括物理学习环境和虚拟学习环境，课堂学习的物理环境主要是教室环境，智慧课堂教学模式的物理环境是智慧教室，虚拟环境指的是智慧学习平台。下面通过智慧教室和智慧学习平台两个方面来介绍智慧课堂教学模式的环境支撑。

简单来说，传统课堂是由教师、学生、讲台、粉笔、黑板等元素组成，是一种原始的教室形态。传统课堂并没有信息技术的支撑，师生之间的交流以及教学效果和质量全靠教师的专业素质和学生的内在动力。传统课堂虽然简单，但学生的求学欲望强烈，学习气氛浓厚。条件简陋并不代表课堂没有智慧，任何时代都是有智慧存在的，只是含义不同。传统课堂的智慧体现在教师和学生的言行举止之上，课堂环境简陋但不乏人类智慧典范。如我国伟大的教育家、思想家孔子，其智慧集中体现在对弟子的言行教诲之中，后被弟子编写成《论语》，受后人所学习和传扬。数字课堂是多媒体、投影、课件等数字化技术融入课堂环境的结果，即多媒体教室。然而其并没有从根本上改变学生的学习方式，学生依旧是被动地接受知识，学生的问题意识仍旧薄弱，这无法促进学生智慧的生成。智慧课堂所依托的物理环境就是智慧教室，理想中的智慧教室是由基础设施、泛在网络、教学平台、技术支持平台、移动终端设备等组成。其中基础设施包括桌椅板凳、灯、投影、计算机、音箱、摄像头、无线路由器等，泛在网络提供多种网络连接方式，如 WiFi 等，技术支持平台包括数据的采集、存储、分析平台，教学平台包括教学实施平台和教学管理平台，移动终端设备有智能手机、平板电脑等。

新一代信息技术的日益成熟使得数字化教学资源成为主流，但由于平台的缺失，这些智能技术相对零散，难以整合成为整体。随着"互联网+"时代的到来，众多开放的、个性化的、智能化的移动学习平台不断涌现，平台的功能不断完善，集签到、发布任务、师生互动、作业分发、投票、教学评价等功能为一体。许多机构和企业开始研发自己的移动学习平台，收集客户的需求，使得平台的功能越加完善，能够被社会各界所认可并应用。目前关于智慧课堂教学的学习平台有很多，如雨课堂等。

（四）智慧学习资源

学习资源是指在教学活动过程中所需要的信息资源和实物媒体，是师生之间进行教与学活动的基础。信息资源是信息技术、设备设施、信息生产者等信息活动要素的集合。实物媒体是指学习过程中所使用到的实物、标本、模型和其他教具等，具有形象化、直观化的特点，而且真实感、空间感和立体感很强。智慧学习资源是支持智慧课堂教学所需要的资源，其具有智能推送、情境感知、富媒体等特征。

在线学习平台支持的学习资源分为预设性学习资源和生成性学习资源，预设性学习资源是指融合了智慧技术的云平台所提供的海量资源，在富媒体化的基础上鼓励资源独立于设备。学习者可以通过终端设备随时随地访问资源库，并依据自己的兴趣爱好选取所需要的资源。云平台还可以通过分析学习者的特征按需推送资源。生成性学习资源从其字面就可以看出其生成性和发展性，它是学习者在学习活动中不断生成的资源，学习者在学习社群中与同伴之间的交互过程记录，学习者在学习活动之后的个人反思以及某种成果实体，在线测试的结果等都属于生成性资源的范畴。

三、"互联网+教育"影响下智慧课堂的教学目标

在现实生活中，人们所从事的各种活动都是有目的的。在从事活动之前，人们会在头脑中设想可能发生的情况和预期的结果，从某种意义上来说它具有一定的行为指导作用。在教学活动中亦是如此，教学目标存在于教学活动之前，是教学工作者对于教学活动结果的一种构想和期望。智慧教学目标的最终目的是通过智慧课堂教学促进学生的智慧生成，培养学生成为智慧型人才。关于智慧教学目标的论述分为三部分：总目标、三维目标和具体目标。

（一）总目标

学生的智慧生成是一个长期的、内隐的过程，从主客体关系来看，人的智慧成长包括三个方面：主体对外部世界的主观认识和把握（即理性智慧）、主体对外部世界的能动改造（即实践智慧）和主体对外部世界和与主体世界关系的认识和把握（即价值智慧）。智慧课堂教学与以往课堂不同的是，其目的在于引导学生由浅入深的学习，培养学生学会学习的能力，最重要的莫过于促进学生创造性的学习，最终实现启迪学生心智、促进学生智慧成长的目标。智

慧课堂可以说是集多种智慧于一身的结合体，它包括德性智慧、理性智慧、实践智慧、价值智慧等。总之，智慧课堂是一种知性与理性相伴、科学与人文相伴、理论与实践结合、技术促进智慧生成的充满创造精神的积极课堂。

（二）具体目标

教学目标又称学习目标，它是学生学习的出发点和归宿，决定着教学的方向，引导着学生的学习行为。我们在设计学习活动、评价学习结果时都要以学习目标为依据。学习目标与学习内容一样具有层级结构，其包括课程目标、单元目标和课时目标三个层级，具体如图5-2所示。

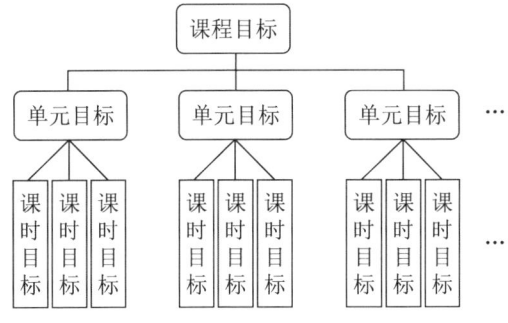

图 5-2　学习目标体系

课程目标是指整个课程结束之后学生需要达到的目标，其涉及德、智、体、美、劳等宏观方面。单元目标是课程目标细分后的子目标，其规定了每个单元结束之后学生应该学会的内容，具体涉及学习者的认知、动作技能和情感方面所达到的水平。课时目标又是单元目标的子目标，其详细到每一课时的知识点掌握。

学习目标的表征有很多方式，目前广为接受的是布鲁姆（Bloom）和加涅的学习目标分类理论。布鲁姆主要从形式的角度对学习目标进行分类，而加涅主要是从内容的角度对学习目标进行分类。我们比较认同加涅的学习结果分类，其目的是想说明不同的学习结果具有不同的学习条件，学习结果分别是言语信息、智慧技能、认知策略、态度和动作技能，前二者属于认知领域。在认知领域，言语信息是指能用语言符号表达的知识，其又分为三小类：符号记忆、事实知识、有组织的整体知识。智慧技能是指运用符号与外界相互作用的能力，其又分为四小类：辨别、概念、规则和高级规则（问题解决）。认知策略是指有关学习者如何控制学习过程的各种方法。动作技能是指通过练习获得、按一定规则使自身运动协调的能力。态度是指习得者对人、事、物等的情感反应，对于学生来说，态度主要是指学生对学习所产生的各种情感反应。

（三）三维目标

智慧课堂教学目标的预设要符合教学改革提出的三位一体的课程目标，即知识与技能、过程与方法、情感态度与价值观。在进行目标设计时，教学实施者要善于利用智慧课堂的有利环境，根据每节课的教学内容特点设计出具体的学习目标，恰当地把三维目标融入智慧课堂环境下智慧学习的过程中。

四、"互联网+教育"影响下智慧课堂的教学活动

教学活动可以理解成为达到某个特定的学习目标而进行的师生行为的总和。教学活动和学习活动侧重点不同，教学活动这一术语相对于学习活动更侧重于师生活动的综合行为，体现以教师为主导，以学生为主体的思想。智慧课堂教学活动的设计是核心部分，应该提高其多元性和多选择性，只有这样才能更好地适应学习者之间的个体差异。智慧课堂教学活动分为课前、课中和课后三个部分，每个部分都由教师活动和学生活动共同组成。

（一）课前预习反馈，实时数据呈现

在课前预习活动的设计过程中，教师要依据具体的学习目标要求，结合学生特征分析结果，有针对地进行预习内容的设计，制作预习资料并提供拓展的资源，把这些用于学生的课前预习活动。教师设计好教学活动之后通过移动设备推送给学生，学生开始课前学习。

在课前预习阶段，传统课堂教学流程可以简单地概括为教师备课—学生预习，教师备课主要包括"三备"即"备教材、备教法、备学生"。教师对学生的分析主要是依据个人经验和对学生的主观认识，缺少对学生情况的深入调查。而学生预习具有很大的自由性和不可控性，学生有没有认真预习全依赖学生的个人素质。课前只有极少数学生会主动与教师交流，师生之间的交流互动难以得到保障，这导致教与学之间具有滞后性，教学质量较低。

智慧课堂教学模式的课前预习环节从很大程度上解决了传统课堂出现的问题，其具体包括以下环节：

1. 制作预习材料

预习材料的制作是教学活动设计的重点，一般包括自制微课、精选优秀慕课、选择富媒体资源、制作预习检测题四个方面的内容。

（1）自制微课

微课是互联网时代下诞生，它是一种新型数字化教学资源，其核心内容是课堂教学片段。学生可以通过移动设备随时反复观看微课，同时适合教师的观摩、学习和反思。目前有关微课的网站有很多，比如中国微课网、全国高校微课教学比赛网等。在这些网站上高校教师可以观看相关作品，从作品的方案设计、呈现方式等方面进行研究学习，在交流评价区能够对作品进行评价，也可以将自制的微课在相关网站上进行投递参加比赛。微课的制作方法有很多，比较常见的是移动设备拍摄、录屏软件录制、数码相机拍摄、可汗学院模式等。微课的制作工具多种多样、层出不穷，常见的录屏软件有 Camtasia Studio、屏幕录像专家、微课大师等。

一般微课的制作步骤包括六个步骤，确定课题是制作微课的第一步，科学准确的选题是微课成功的关键和基础。选取的知识点通常都是一节课的重难点，而且所选的知识点需在 5～10 分钟之内能够讲解透彻。撰写教案是第二步，教师一般根据教学要求来编写教学设计。制作课件是第三步，教师结合知识点内容制作图文声画并茂的课件资源。录制视频是第四步，微视频是微课的核心组成，教师可以选择适合的方式进行微课录制。整个录制过程要保证画质清晰、图像稳定不晃动、声音清晰、声画同步等基本要求。后期制作是第五步，即教师对已经录制好的视频进行编辑和美化，包括把视频中一些空白、错误部分移除，并为视频添加片头和片尾，必要时配上背景音乐。最后导出选择相应视频格式，确保画面质量。教学反思是微课制作的最后一步，也是反思的一部分，教师要多和学生交流，听取学生观看微课后的反馈，找到问题的解决方法，从而不断提高微课的制作水平。

（2）精选优秀慕课

慕课（MOOC）即大规模开放性在线课程，是近年来涌现的一种新型在线课程资源。慕课具有开放性、大规模、社会化等特点，它起源于开放资源运动，受到国内外教育界的广泛重视。课前教师可以通过查找与本课程相关的慕课资源，通过手机推送给学生，学生不用打开电脑，直接用手机即可观看名校慕课。平台上的慕课可以作为教师教学课程的补充，一方面给学生提供了新型的学习途径，有利于激发学生的学习兴趣。另一方面辅助了课程教学，教师也可以通过名校慕课观摩学习，提升自己的教学效果。

（3）选择富媒体资源

富媒体从字面来看即丰富的媒体之意，就是随着信息技术的发展，在互联网上出现的多种媒体形式，包括文字、图片、声音、动画、视频等。富媒体之富是建立在互联网的基础之上，它是多媒体信息与交互性的深度融合。选择富媒体资源是智慧课堂教学的课前预习活动的重要任务，教师主要从以下两点把握：一是选择合适的学习资源，其从内容上来说应和课堂教学内容相关，包括课程目标、数字教材、多媒体课件、网络视频、测试题、参考资料等，教师根据课程所需选择合适的资源类型。二是选择合适的推送方式，推送方式包括教师自制的微视频、自制的多媒体课件、电子文档、网址分享、网络视频、慕课视频等。不是每次课前预习所推送的资源都涵盖以上方式，教师要根据每节课的教学所需选择相应的推送方式。

（4）制作预习检测题

预习检测题的设计是为了检测学生课前预习的效果，有利于教师进行课前诊断，并进行教学内容的调整。预习题的设计要围绕学习任务，并符合学生的学习规律，与学生的生活实际相结合。智慧课堂教学强调学生的个体知识建构，因此预习题要尽量有挑战性和趣味性，能够激发学生的学习动机。检测题的题型包括客观题和主观题，客观题一般有单选题、多选题、判断题和投票题，主观题有简单题、分析题等。教师可以通过手机平台及时了解学生的做题情况，并进行课前准备。

2. 资源发布

教师将制作好的预习资源通过智慧课堂信息技术平台发布给学生，学生移动端就会实时收到提醒。教师发布资源的同时还可以选择班级、设定预习的截止时间。教师发布的资源形式多样，包括微视频、精选的网络在线课程、课件、链接、预习题等，用来供学生选择学习。与之前仅仅把课件传给学生相比，教师精选的资源内容更加丰富多样，能够激发学生的学习兴趣。

3. 自主预习

学生接收到教师推送的课前预习资料后便可以根据自己的时间情况进行自主学习，并在指定时间内完成预习任务。智慧课堂的课前预习是具有可控性的，学生有没有预习、预习的情况和答题情况等都会在教师端以数据的形式直观呈现。教师可以通过相关平台进行实时监控，即时了解学生的预习情况，并对预习数据进行分析，初步了解学生在预习过程中遇到的问题以及容易出错的知识点，做好教学记录。

4. 在线交流

学生可以对教师分享的预习资料发表意见，如哪里有错误或者不当的地方，或者推荐自己认为比较好的资料给大家。针对预习过程中遇到的问题，学生可以在学习平台上与教师进行沟通交流，提出疑问或意见，教师给予初步解释，并对教学内容进行调整。学生还可以给教师出谋划策，以学生的角度来设计教学活动。教师可以采取相应的策略来鼓励学生交流互动，增进师生之间的感情。

5. 教学方案

教师根据学生的预习情况、答题情况和交流的情况进行综合分析，对教学设计方案进行修改优化。其包括以下几个方面：一致性检测，检查所设计的各个学习活动，确保具体设计与学习目标一致；思考是否可以增加或者改变学习的外部形态；思考是否可以增加一些任务类型，使教学过程的任务类型更加丰富；思考如何增加学生的参与度；思考如何才能使得学生产生外部的学习成果；思考如何提升学生的学习动力。

6. 学习心得

当学生预习完成后，学生可以在学习平台上写下自己的学习心得，对自己的学习行为进行反思，这也是课前在线学习评价的一部分。反思可以让学生更加客观地评价自己，是学习活动的重要组成部分。

(二) 课中立体互动，师生持续沟通

在课中互动阶段，传统课堂主要是教师讲课—学生听课，教师提问—点名回答，布置作业—课后作业这三个环节，从这三个环节可以看出传统课堂互动性的缺乏，学生处于被动的地位。相比之下，智慧课堂教学的关键就在于课堂互动，其核心是立体化的互动过程。在教学的过程中，强调学生的主体地位，教师起到引导者、促进者的作用。它不同于传统的课堂互动，其不仅仅是课堂上师生之间言语的互动，最大的不同在于借助相关信息技术学习平台来实现师生之间立体的、多元的、持续的、高效的互动，在互动的过程中促进学生智慧的生成。课中学习活动流程采用"6+5 流程"结构，包括教师教的 6 个环节和学生学的 5 个环节，即创设情境、整理反馈、确定问题、多屏教学、多屏学习、任务推送、合作探究、课堂随测、限时提交、实时点评、巩固内化。

1. 整理问题、确定问题

教师将班级学生每 4~5 个人分为一个小组，小组讨论课前预习时遇到的问题，小组成员交流讨论初步解决问题，无法解决的问题通过移动设备上报给教师，教师记录下来每个小组的问题，并根据课前预习情况做出判断，筛选典型问题，最后进行重点讲解。

2. 创设情境、导入新课

学习情境的创设有利于学生快速进入学习状态，教师可以采用多种方式来创设学习情景、导入教学内容。由于课前阶段学生已经对学习内容进行了初步预习，教师可以通过预习反馈、测验练习等形式导入新课。

3. 多屏教与学

　　智慧课堂多屏显示包括教师端计算机、教师移动设备、学生移动设备、投影等。智能手机采用无线投影技术多角度、可视化地呈现教学内容，教师可以利用投影屏创设教学情境，使学生沉浸其中，这可以降低学习者的学习认知难度。教师可以使用课堂互动反馈平台就相关问题调查学生的想法，并将统计结果实时呈现在教师的大屏幕上，供师生共同分析。此外，学生还可以借助反馈平台提出问题，投影问题板上会及时展现出来，供师生一起讨论解决问题。

　　移动互联网络支持教师与学生的实时互动，教室里配备可移动的桌椅，课前教师可以利用无线网络向学生传输资源和工具。在课堂上，教室布局可以是秧苗式或半圆式，以师生互动为主，调整课堂布局。在小组合作讨论问题时，每个小组桌椅移动成圆形布局，布局灵活。小组成员可以使用移动设备讨论问题、绘制思维导图等，便于同伴之间的交流互动。在学习的过程中，学生可以利用手中的移动设备书写笔记并在线存储。学生通过智能手机可以结成学习伙伴，便于课上分享资源，课下相互讨论学习。多元交互不仅活跃课堂气氛，还能激发学生创造性思维的形成。

　　4. 布置新任务、合作探究

　　多屏教学解决了学生课前的预习问题，随后进入进阶练习阶段，教师通过手中的移动设备下达新的学习任务，并组织和指导小组内部开展合作探究学习，培养学生分析问题、解决问题的能力。

　　5. 课堂随测、限时提交

　　在智慧课堂的教学环境下，课堂随测主要是教师通过教师端推送测试题，学生通过智能手机学习平台接收测试题并完成提交。平台的测评系统会自动生成客观题的答题情况，以柱状图的形式显示出来，同时生成答题的正确率。这种直观的形式能把测试结果及时反馈给教师，用以错因分析和问题讲解。此外，每个小组可以使用移动设备将小组作业或作品无线发送给教师端，教师将其投射到大屏幕上，开启投票器进行电子投票，投票的结果实时展现。课堂随测既可以在教学的过程中进行，用以检验学生某个知识点的掌握情况，又可以在某章教学任务完成之后，以检测学生对章节内容的把握。总之，智慧课堂利用移动设备和基于云服务的测评系统，具有立体多元分析评价的功能，对学生的测试实时处理、即时反馈，并对全班学生的测评成绩进行统计分析。

　　6. 实时点评、巩固内化

　　基于平台的数据分析，教师根据反馈的结果对每个小组的作业进行点评，比较、分析各小组的学习成果，其他小组也可以发表他们的意见和想法，思维的碰撞也许会产生意想不到的结果。在教师点评的过程中，师生之间的交流进一步加深，小组成员之间互相学习，这有利于培养学生的批判性思维，促进学生知识的意义建构。

（三）课后个性辅导，兼顾学生差异

课后习题主要是为了帮助学生巩固和复习上一章节的学习内容，习题类型一般要比预习题型多样，它包括客观题和主观题，其中客观题义分为单选题、多选题和判断题，主观题分为简答题、论述题和操作题。教师要根据课程目标设计符合课程内容的习题，对于操作类习题，教师可以以其他形式进行，如要求学生录制操作视频，通过在线通信工具上传给教师。学生之间可以互相学习，教师可以对此进行点评。

在课后阶段，传统课堂主要是要求学生统一完成课上布置的作业，下堂课上交给教师，教师课下批改，再下次课才能得到作业情况的反馈，反馈不够及时，而且作业点评也只是解决共性问题，无法顾及每一个学生的差异。作业反馈的滞后性所产生的问题会影响到学生的连续学习。而智慧课堂很好地解决了这个问题，通过智慧学习平台，教师可以针对学生个体差异推送个性化的复习资源，发布针对性课后习题。学生在一定期限完成课后作业后提交给教师，教师端平台就会收到学生的答题情况。对于客观题，智慧学习平台能够自动批改并及时反馈给教师，教师还可以对主观题进行批改点评，然后把批改情况通过录制微课的形式反馈给学生。这种个性化辅导的方式更加的高效、直观、快捷，学生能够及时查看作业情况，在线与教师交流，更正作业，进行总结反思。

五、"互联网+教育"影响下智慧课堂的教学评价

教学评价是指根据一定的教学目标，收集教学过程中产生的相关数据和信息并对其进行量化分析，以此对教学效果、学习者的学习态度、学习行为等做出价值判断的过程。教学评价作为整个学习系统的反馈调节机制，在学习过程中起到重要的作用。教学评价的目的，一方面是要检查学习活动的结果，另一方面是为了激励学习者。教学评价作为教学模式的最后一个环节非常重要，优质的教学评价设计可以对学习者的学习活动起到引导作用，数据分析得到的结果提醒学习者做出相关调整，使得学习活动的开展更加高效。

在教学改革的背景下，教学评价要想真正体现学生的主体地位、以学生的全面发展为本，就必须改革传统的教学评价。智慧教学评价的评价思想是以学生的"学"来评教师的"教"，即以学论教的思想。其评价主体首先是学生，在智慧课堂教学模式下学生的学习分为课外学习和课内学习，课外主要是线上平台学习，课内主要是线下课堂学习。

目前，高校对于学生的课程评价主要是形成性评价和总结性评价相结合。形成性评价主要来自学生的课后作业和课堂考勤情况，缺乏有效性和合理性，导致学生对平时学习不够重视，学生仅在邻近期末时期突击复习，学习效果比较差。与单一的教学评价相比，智慧课堂教学模式采用了多元评价的方法，即评价主体多元、评价方式多元、评价内容多元，这充分发挥其激励和导向功能。传统的评价方式单一、片面，无法综合评价学生的学习效果，智慧课堂学习评价将从线上评价和线下评价两个方面进行评价设计。

（一）线上评价

在学生利用智能手机进行在线学习的过程中会留下大量关于学习行为、学习偏好、学习习惯等数据，这些数据可以说是每个学生的信息资产。学习平台所记录的行为数据是进行在线学习评价的重要依据。

（二）线下评价

线下评价指的是对学生在实体课堂上的学习行为做出的一系列评价。课堂教学是依托传统教室环境进行的，它包括教师讲授、问题探索、小组合作解决问题、展示成果、教师点评等一系列学习活动。线下评价是基于智慧课堂的教学评价的重要组成部分，它主要包括学生的课堂学习状态、自我评价和学习成果。学习状态具体表现在学生在课堂上的交流状态、情绪状态、注意力状态、思维状态和结果状态。自我评价是指学生对自己学习过程的客观评价。学习成果包括学生完成的作品、作业和测试结果等。

第四节　信息化元素在高校英语智慧课堂构建中的应用探究

一、信息化元素在高校英语智慧课堂构建中的重要作用

高校英语智慧课堂的根本目的在于提高学生的学习效率，引导学生逐渐产生自主学习的意识，并逐渐发挥高校学生的主观能动性。如今"互联网+"经营模式带动信息化技术飞速发展，使信息平台逐步完善，各种社交软件和教育学习软件也为英语学习提供了方便快捷的渠道，也为传统的课堂教学模式拓宽了新的方向和思路。高校英语智慧课堂的构建者和有关校领导、教师等必须对

信息化元素有足够的认识，这样才能使信息化元素在课堂教育过程中发挥重要的作用。

（一）激发学生的自主学习意识，提高学生的学习主动性

英语智慧课堂构建的目的在于激发学生的学习兴趣，培养其自主学习的意识。英语智慧课堂一改传统的黑板加粉笔的教师口授教学模式，给学生带来了新颖的感觉，这极大地激发了学生课堂学习的兴趣和热情。信息化元素的多样性和快捷性特点，保障了英语智慧课堂在教学的过程中能呈现给学生多种多样的感官体验，使学生在学习的过程中不会觉得枯燥乏味，这就显著提高了学生课堂学习的注意力。同时，教师也可以在课堂上通过多变的信息化元素调节课堂的气氛。学生也可以根据自身的学习情况通过利用电子设备对课堂上的教学内容进行有针对性的学习，这既可以提升学生的自主学习能力，也是对英语智慧课堂构建的自我完善。

（二）拓宽教育教学新方式

英语智慧课堂教学既提升了校领导的教育理念，又突破了教师的教学模式，同时，也拓宽了学生学习方式和渠道。随着信息化平台的不断完善和拓展，在英语智慧课堂教学方式的影响下，学生在自主学习过程中也逐渐开始寻找其他获取知识的方式和途径。例如，有些学生开始热衷于观看国外的英文电影，并通过观看电影学习新的词汇和锻炼英语口语。有的学生通过网络电视或英语软件来学习英语，各种英语学习软件也为学生课余时间提供了更好的学习方式，使学生摆脱书本携带不方便的困扰，学生可以通过软件随时随地学习英语，这些学习方式极大地提高了原有的教学质量，有效地提高了学生的学习效率。由此可见，信息化元素在高校英语智慧课堂的构建中发挥着极大的作用。

二、信息化元素在高校英语智慧课堂构建中的提高策略

虽然信息化元素在高校英语智慧课堂构建中起着极其重要的作用，但现如今的信息化元素应用水平仍有待提高，英语智慧课堂教学仍有很大空间需要完善。这就需要有关校领导和教师深入了解英语智慧课堂教学的信息化元素特点，不断创新教学模式，充分发挥英语智慧课堂的作用。

（一）调动学生课堂参与的积极性

英语智慧课堂的根本目的在于通过采取简单有效的途径提高学生的知识水平和学习能力，而信息化元素在英语智慧课堂起着重要的引导作用，它是激发

学生学习兴趣的根本所在。教师在教学的过程中要充分将信息化元素融入课堂中，并将知识融入信息化元素当中，把信息化元素作为学生学习知识的引导，激发学生的自主学习兴趣，充分调动学生自主参与的主动性。例如，教师在英语教学的过程中可以多利用多媒体授课，激发学生的学习兴趣并调动学生课堂学习的积极性。教师可以通过英语学习软件给学生布置阅读作业，学生既可以接触书本以外的课外知识，也可以针对性地锻炼和弥补自己的不足。

（二）根据学生需要建立学习小组

英语智慧课堂可以培养学生自主学习的良好习惯，然而每个学生在信息化元素英语智慧课堂构建中的进步速度不同，针对这一情况，可以采取分组分项学习。正因为这种情况，在课堂教学的过程中需要根据不同学生的英语水平和学习能力合理规划学习的小组，并根据不同小组的学习情况为学生科学地制定信息平台自主学习计划，学生再根据自身的英语水平在信息平台中选择适合的学习科目，针对自身英语薄弱的知识开展专项学习，逐渐提高自身的英语水平和学习能力。

英语是国际主流语言之一，世界上大部分国家把英语当作主语言或第二语言。随着国际经济全球化脚步的加快，英语已经成为人们日常生活沟通和求职的必会语言。目前，信息化元素在英语智慧课堂构建中仍有待深入研究和完善，相关校领导和任课教师应该深入了解信息化元素英语智慧课堂构建的理念和作用，进一步提升教学的质量，完善教学模式，帮助学生更加有效地学习英语。

第六章 高校英语信息化教学方法创新之微课、慕课

高校英语信息化教学方法不断创新发展。本章主要论述了微课和慕课的基础知识、微课在高校英语教学中的应用研究、慕课在高校英语教学中的应用研究等内容。

第一节 微课和慕课的基础知识

一、微课的基础知识

(一) 微课的定义

微课作为新型的教学资源,是传统课堂学习的一种重要补充和资源拓展。特别是随着手持移动数码产品和无线网络的普及,基于微课的移动学习、远程学习、在线学习、泛在学习等将会越来越普及。

(二) 微课的特点

微课主要是针对传统教学资源的局限性提出的一种新的学习方式,其主要特点用八个字概括:精美、简洁、具体、生动。具体而言包括以下几个方面。

1. 主题明确

微课的作用主要是解决传统课堂教学中所出现的问题,比如,知识点复杂多样,重、难点层次不清,教学目标多样等。在微课的制作过程中,都是围绕教学内容中最重要的知识点或教学中关键的环节进行设计的,与传统的课堂教学相比,教学内容更加精简,教学目标更加明确,教学主题更加突出,这是微

课教学最重要的特点。明确主题选取的教学内容非常具有代表性，只有教学主题突出了，整个教学才能真正地吸引学生的注意力，让学生更加容易地理解与学习。

2. 多元真实

多元主要是指微课资源的多样化，它不仅有微课视频，而且还有微教案、微课件、微点评、微练习等其他形式的资源，相对于传统的课堂教学视频而言，微课资源的多样化使得整个教学更加丰富多彩。在利用丰富的微课资源时，师生将同时从中受益，一方面学生可以利用微视频进行学习，以微练习进行相应的复习巩固，以微反馈的形式进行综合评价，使得学生的思维能力进一步提高，并且能够提升学生学习的兴趣。另一方面教师利用微课资源的多样化去实现教学观念、技能等方面的提升与深化，进而提高课堂教学效率，促进教师专业成长。

真实主要是指现场情境的真实性。微课的设计都会具体到一个真实的而不是虚假的场景之中，进而形成一个与具体的教学内容有机结合的微课堂。这种真实性的场景与现实生活紧密结合。比如，生物教学中的微课场景一般要选在实验室或实习、实训基地；体育教学中的微课场景一般要选在体育馆或运动场，并且在选择着装、教具时应与教学活动主题相一致，这样才能呈现出微课堂的情境性。

3. 弹性便捷

传统的课堂教学对教学的时间有着严格的规定，而微课在时间安排上却有其明显的优势，即微视频的时间比较短，一般在 5~8 分钟，最长时也不应超过 10 分钟，这比较符合学生的认知特点，学习者学习的时间是非常短的。微课资源的容量不会超过百兆，易于存储、便于携带，使微型学习成为可能。因此，学习者在完成微课的学习时所花费的时间和精力不会太大，这样更有利于学习者弹性安排个人时间，非常便捷，并更加人性化。

二、慕课的基础知识

（一）慕课的定义

慕课，是最近两年开始产生并快速涌现应用到教育领域的一种在线课程开发模式。通俗一点来讲，慕课就是大规模的在线网络开放课程，这种模式是为了加快知识和技术的应用传播，由某个个人或集体组织制作成功，发布于网络上的供全球用户自主学习的免费或收费的开放课程。从总体来看，"慕课"就是一种起源于过去的资源信息，通过在系统内部构建学习管理规范标准，进而全面实现学习管理系统与教育教学网络资源的融合，在旧课程的基础上研发出新的课程。慕课不同于传统的电视、广播、函授等远程教育形式，也不完全等同于近期兴起的教学视频网络共享——公开课，更不同于基于网络的学习软件或在线应用。2012 年，被《纽约时报》称为"慕课元年"。在"慕课"模式下，课堂教学、学生的学习进程和学习体验、师生互动过程等都可以完整、系统地在线实现。慕课是通过互联网可以在线观看的课程视频，是共享在网络平台上的开放课程。慕课规模大，是一个庞大的课程体系，并且由参与者共同完成，不是个人发布的一门或两门课程。慕课是在网络上对课程资源进行共享的模式，学生在学习的时候只要有一台电脑连入互联网就可以对网络上的慕课资源进行课堂学习，这样改变了传统教学中老师与学生面对面的教学模式。慕课是一个网络资源的学习平台，全世界的人都可以在慕课资源的平台上选择自己感兴趣的学习资料进行学习，并且可以在线自由讨论。在 MOOC 资源的平台下，不仅有相应课程的学习资源，还有相关的成果资料，在课堂上学不到的知识我们都可以通过慕课进行学习，在一些教育资源比较缺乏的地区也可以通过MOOC 来学习自己需要的资料。慕课是一个免费的资源共享的课程在线学习平台。慕课的制作需要依靠计算机专业技术，比如网页制作、数据库技术多媒体技术等，把各个功能模块综合在一起，在网络上实现课程的资源共享。

（二）慕课的特点

1. 慕课具有开放性和大规模性的特点

开放性即课程学习不受地点和学习者学历的限制。大规模性即不限定学习者的数量，弥补了教学中高水平、教学经验丰富的教师师资力量不足的问题。只要是对课程内容感兴趣，都可以报名在线课程，因此，通过慕课学习是继续教育的一个重要手段。这是其第一个优越于传统英语课堂之处，学生可以在寝室、图书馆、自习室或者任何一个能够连接互联网的地方学习。目前学生更倾向于使用手机和移动电脑设备作为沟通工具。慕课学习可以直接利用学习者的手机及移动电脑设备作为学习的工具，是一种新的学习方式。大规模：不是个人单独发布的一两门课程就叫慕课，只有当课程的数量形成大规模时，才能算得上是慕课。开放课程：尊崇创用共享协议，只有当课程是开放的，它才可以成之为慕课。目前，大部分慕课是免费使用的，也有部分慕课是收费的，但是相比较传统的教育方式，只收很少的费用。网络课程：课程资源散布于互联网上，人们上课地点不受局限。无论你身在何处，只需要一台接入 Internet 的计算机或者移动终端设备就可以花很少的钱甚至免费享受到知名大学优秀教授的一流课程。

2. 慕课具有精品化的特点

目前较为出名的慕课网站主要有美国麻省理工大学创办的 edX，斯坦福大学创办的 Courser 以及 Udacity 等。中国大学 Mooc（慕课）上开放的课程也主要来自北京大学、浙江大学、湖南大学、四川大学等名校。这些课程多由从教多年、教学经验及科研阅历较丰富、职称较高的教师讲授，特点是内容丰富、教学手段新颖、语言简练、概括能力强。现在，在普通高等院校中，年轻的大学外语教师所占比例很高，教学经验和教学水平很难赶上名校教授，因此，相较于传统大学外语课堂来说，学生会更青睐慕课上的课程。慕课具有碎片化的特点。慕课的课程设计将每次课定位在 10～15 分钟，形式"微"而内容"精"，课堂上教学的难点和重点突出，课后时间留给学生进行思考、探究，学生的学习时间比较灵活，学生甚至可以根据自己的状态选择学习的时间，学习效率会显著提高。而在传统的大学英语课堂学习，学生必须在规定的时间和地点上课，课程和校园活动较多，学生在规定的上课时间并不能保证完全处于最佳状态，有的学生甚至上课时实际在考虑其他事情，主观上并没有投入到课堂学习中，学习效果显而易见。

第二节　微课在高校英语教学中的应用研究

一、多模态话语分析下大学英语微课教学的实践探索

（一）多模态话语分析与微课

多模态话语是指运用听觉、视觉、触觉等多种感觉，通过语言、图像、声音、动作等多种手段和符号资源进行交际的现象。多模态话语分析理论主要以系统功能语言学为理论基础，该理论框架由五个层面组成，分别是文化层面、语境层面、意义层面、形式层面及表达层面（媒体）。其中，文化层面包括作为文化的主要存在形式的意识形态和作为话语模式的选择潜势的体裁或体裁结构潜势；语境层面包括由话语范围、话语基调及话语方式组成的语境构型；意义层面包括有几个部分组成的话语意义、概念意义、人际意义及谋篇意义；形式层面包含了意义实现的不同系统，包括语言的词汇复发系统、视觉性的表意物体及视觉语法系统、听觉性的表意音块及听觉语法系统、触觉性的表意形体

和语法系统等，以及各个模态的语法之间的关系（互补性和非互补性两大类，互补性是指强化和非强化两类，非互补性是指内包、交叠、增减、情景交互）；媒体层面是话语最终在物质世界表现出来的物质形式，包括了语言的和非语言的两类，语言的包括纯语言的和伴语言的两类，非语言的包括身体的和非身体的，其中身体的是指面部表情、手势、身势、动作等因素，非身体的包括工具性的，如 PPT、网络平台、实验室、实物（投影）、音箱、同声传译室等。

李姆（Lim）在对图像与语言形成的多模态话语的研究时，提供了图 6-1 的框架。①

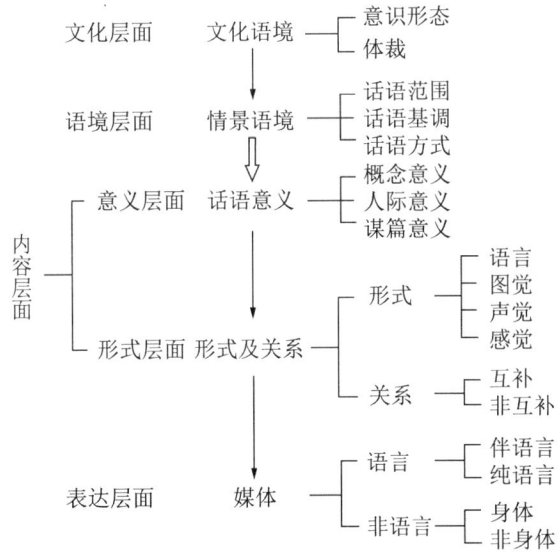

符号说明：---▶表现关系⇒决定关系—▶体现关系

图 6-1　多模态话语分析综合框架

在李姆提供的这个框架中，语言和图画作为交际模态共有意识形态、体裁、语域、话语意义四个层面。其内容层面中的图画具有视觉语法，而语言有其词汇语法；表达层面中的语言由印刷符号体现，图形由图像符号体现；其主要的研究领域在于将二者从内容层面和表达层面融为一体，而内容层面的研究尤为重要。从形式上讲，每一种模态都可以自足并基本上完全表达所有的信息，但在教学中我们不能只使用一种模态，因为它们没有提供信息传递的开

---

① 王晓燕，瞿宁霞. 新媒体在英语教学中的有效应用研究［M］. 长春：东北师范大学出版社，2018：263.

始、延续和结束，没有关注学生是否已经掌握或者理解，也没有把关键和重要信息以另外的形式凸显出来，学生容易因此产生视觉疲劳，进而丧失学习兴趣和接受能力，所以两种模态是必需的，也是必然的。多模态化教学主张在语言的学习中采用多种方法和手段，如图片、网络、幻灯片、角色扮演等形式来调动学生多种感官协同运作，以此培养学生多元识读的能力。因而，多模态话语分析理论为微课教学的开展奠定了理论基础。

胡铁生教授对微课的定义中强调了视频是作为微课的主要载体的在线网络课程，突出了视频型的在线网络课程，并支持多种学习方式（如移动学习、自主学习、合作学习等）。微课程的核心资源为"微视频"，"微视频"的质量决定了微课程的质量。李姆提供的这个框架同样适应于微课程作品的分析。按照以上框架，微视频的意义由文化层面、语境层面、内容层面及表达层面共同构建。这种微视频教学采用的是多模态教学，实现了知识从书本向电子、从静态向动态以及从无声到有声的转变。学生在家观看微课视频，自学有关知识并完成练习，教师在课堂内解答学生问题、订正学生作业、及时解决学生的疑惑。这种学习形式颠覆了传统的教学形式，将原有的教师在课堂传授知识，学生在家中通过练习来巩固知识的过程，变为知识的传授通过信息技术的辅助在课前完成，而知识内化则在课堂中经老师的帮助完成，从而实现了教与学的互动，吸引了学生的注意力，调动了学生的积极性，从而提高了教学质量。①

（二）大学英语微课教学实践探索

1. 整合大学英语课程，创建微课录制的教学资源

大学英语课程教学不仅强调打好语言基础，还注重培养学生实际使用语言的技能，特别是使用英语处理日常和涉外业务活动的能力。而随着信息技术的不断发展，人们进入了微时代，生活节奏的加快，使时间得以切割，时间的碎片化带来学习的碎片化。目前，高校大学英语教材版本繁多，学生入学时英语水平参差不齐。大学英语教学内容涉及面广，学时有限，学生训练的机会也少，要在有限的时间内学到更多的知识难度很大，英语水平很难得到真正的提高。因此，在这个信息超载、知识碎片化的社会，对大学英语课程进行整合、采用"微课"教学，顺应了时代的呼声，符合教育发展的趋势。

课程的整合内容以职场为依托，突出以职场情景为背景、以职业能力为主线，根据各专业学生语言水平的差异、语言教学环境及语言教学目的的不同，

---

① 王晓燕，瞿宁霞. 新媒体在英语教学中的有效应用研究［M］. 长春：东北师范大学出版社，2018：263—264.

在教学内容中对教学语言点、语言技能、主题内容、文化内涵等的选取比例有所差异，主要采用主题模式开展教学。根据职场需求，选取个人职业规划、求职应聘、团队合作、绩效评估、销售拜访、顾客服务、商务计划、商务接待、产品展览等素材开展教学活动，融词汇、语法、句子、篇章、听说、写作学习于一体，将英语语言知识、语言技能、文化知识渗透其中。根据主题素材的内容，整合出重要的英语语言知识、语言技能、文化知识，为微课制作提供素材，在录制时以知识点或专题的形式呈现给学生。

2. 提高教师信息素养和微课录制技能

教师通过参加培训、自学、互助等方式，提高微课的制作技能。目前，微课的制作方式多种多样，其中常用的方法有：（1）用摄像机将教学过程拍摄下来；（2）使用录播室或专业演播室制作；（3）使用计算机的手写板和画图工具就教学过程进行讲解、演示，并采用屏幕录像软件进行录制；（4）使用智能录制笔、手机等将纸笔结合的教学过程进行录制；（5）采用录屏软件对PPT进行讲解过程的录制，并辅以字幕、录音、影视等教学资源。教学录像按照教学大纲中的单元分割的知识点进行录制，视频短小精悍，原则上单个视频时间控制在 10 分钟以内。教学录像形式多样，可选择课堂实录式、实地拍摄式、讨论式、采访式、演讲式、计算机录屏式、可汗学院式、画中画式、混合形式等。其中，采用录屏软件录制 PPT 虽然技术含量较低，但教学效果好。

基于教学内容的整合，将录制出的微视频作为重要的教学活动环节引入"翻转课堂"。这种将微课作为重要的教学形式的"翻转课堂"迎合了大学生的认知方式和学习动机，颠覆了传统的教学形式，打破传统的大学英语课堂中教师是学生的唯一信息来源的局限。学生可以通过观看教师精心制作的短小、精悍的视频，自学有关知识并完成练习；教师根据社会发展需要来确定自己的教学目标，同时对教学各个环节做出及时和相应的改革和调整，建立个性化、开放式、以学生为中心的教学模式。

3. 构建大学英语微课教学模式，开发大学英语微课

教学系统的设计采用广为使用的 Web 服务器软件，采用 PHP + My Sql+ Apache 的技术架构，整个平台使用 Apache 作为 Web 服务器。通过数据库设计、视频播放个性化视频推送、学习进程社会化、师生在线交流、学生行为跟踪、自主学习等途径，实现大学英语微课教学系统的功能模块。在开展微课教学活动中，采用"翻转课堂"的教学模式，主要包括以下内容。

（1）教师课前（课前一周）发布学习任务和资源、学生自学完成个人作业。

（2）课中分为三个阶段：第一阶段由教师开展解答学生的疑难问题，学

生开展组内协作完成小组任务；第二阶段实施教师点评、小组汇报与交流；第三阶段教师补充讲解知识、答疑学生提出的问题并布置作业，学生巩固知识。

（3）课后通过平台进行交流、评价，学生修正作业上传、分享。其中，教学设计尤为重要，教师要从微课的选题、教学内容的选取、教学策略的实施、教学表达以及教学信息反馈等方面入手。

学生在修完教学大纲规定学时的大学英语课程中，可以包括一定学时的网络课程的学习，按照教学系统设计的学习程序进行自主性、个性化交互学习。登录该系统后，学生可以根据自己的基础和需求选择合适的学习目标、学习内容、学习方法以及学习进度，并通过自我调节的学习活动，完成具体的学习目标，通过微视频的学习，巩固语言知识、提高语言技能；学生可以在学习的过程中开展自评和互评，培养自我管理、自我监控的能力。此外，给学生提供每学期至少 50 个课时的免费上机的实践，帮助无法通过课外在线学习的学生完成微课的学习。该教学系统为学生提供了一个真正自主、个性化的学习环境，也为教师提供了一个完善的、科学的教学管理工具。

4. 构建学生自主学习多元监控、评价体系

（1）构建学生自主学习多元监控体系。自主学习监控的内容主要有学习目标与计划、学习内容、学习时间、学习过程。在教师等外部因素积极干预下，要实现具有自我监督的高效率的基于大数据环境下的大学英语自主学习，建立一种全员参与的多元化自主学习监控体系是必要的。该体系的构建主要由自我监控、教师监控、督导监控、教务监控、技术监控等模块组成。通过多元监控系统，适时地引导学生端正学习态度、调整学习策略，有效利用学习资源和新媒体时代信息技术进行自主学习，从而达到预定的学习目的。

（2）构建自主学习评价体系。采用形成性评价和终结性评价相结合的评估机制，强调对学生知识获得的过程进行评价，对学生的学习态度、风格、策略等予以评价。教师要通过对学生平时的在线学习和参与活动做有效的记录，让学生的学习纳入平时的管理和监督之下；开展自我评价、学生互评等方式，教师通过查询学生在线学习的时间、访问站点记录、学习频率等方式，跟踪学生的学习过程，对学生的学习进度、学习效果进行评估。

微课视频教学并非微课教学的全部，它必须配以相应的学习辅导、学习点评、教学反馈、教学测试以及教学评估。微课应用的模式也只能作为传统教学的辅助手段，通过微课将教学中的重点、难点、易错点等呈现给学生，在实际的教学过程中，教师应该将传统的教学模式与翻转课堂教学模式相结合。此外，在进行课程资源整合的同时，要优化教师结构，充分利用教师资源，发挥教师的优势，形成优秀教师团队。通过实施微课教学，大学英语教学由传统的

单模态向多模态转变。教师在英语教学中采用多种方法和手段，如图片、网络、幻灯片、视频、角色扮演等形式来调动学生多种感官协同运作，以此培养学生多元识读的能力，从而真正提高学生的英语学习水平。

二、基于 ADDIE 模型的高校英语微课教学设计模式研究

基于 ADDIE 模型的高校英语微课教学设计，注重对英语教学工作的重点内容进行把握，结合了网络技术和多媒体技术手段，通过课件制作，将英语知识应用于实际教学工作当中。ADDIE 模型的应用，丰富了 ADDIE 模式理论，使 ADDIE 模型更好地应用于教育领域，对原有教学模式进行有效变革，从而更好地提升教学效果。

（一）ADDIE 模式分析

ADDIE 模式包括了分析、设计、开发、实施和评价五个阶段，即 Analysis、Design、Development、Implementation、Evaluation 五个阶段字母的缩写。ADDIE 模式是由美国佛罗里达州立大学创设开发的，在当下教学设计中，得到广泛应用。ADDIE 在应用时，注重突出教学工作的核心内容，明确教学任务的关键，以"关键点"，促进教学工作的发展，以期实现较好的教学效果①。

ADDIE 模型是非线性模型，各个部分之间具有较为紧密的联系，存在着一种相互影响的关系。在应用 ADDIE 模型时，可随时进入评价阶段，也可以随时由评价阶段进入其他阶段。ADDIE 基本模型应用时，注重开展各项活动的线性过程，关于 ADDIE 模型，具体内容我们可以从图 6-2 中看出：

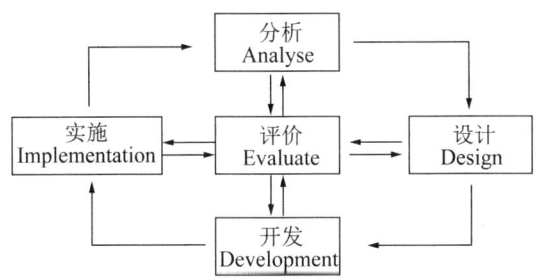

图 6-2 ADDIE 通用模型示意图

ADDIE 模型在应用过程中，评估处于核心，对教学分析、设计、开发、实施起到决定性的影响。关于 ADDIE 模型各部分需要解决的核心问题，具体

---

① 万程. 基于 ADDIE 模型的中职英语微课教学设计模式分析［J］. 校园英语，2015（18）.

内容如下：

1. 分析阶段

这一阶段是 ADDIE 模型应用的前提，只有明确教学过程中需要解决的问题，才能够对 ADDIE 模型设计进行有效分析，保证 ADDIE 模型设计符合实际情况①。分析阶段，包括了对教学目标、任务的分析，并以分析作为设计的依据。

2. 设计阶段

ADDIE 模型设计过程中，是在分析的基础上，设计一个教学策略。教学策略的设计，需要以实现某种教学目标为前提，对模板对象进行有效描述，并对教学顺序进行科学、合理地安排。

3. 开发阶段

开发阶段是 ADDIE 模型应用的一个重要阶段，并且需要以分析阶段和设计阶段作为前提，开发阶段主要目的是对教学资源进行应用，对教学内容进行开发。

4. 实施阶段

实施阶段是指知识的实际传输，可以是课堂教学也可以是远程教学。这一阶段，主要通过情景教学，让学生更好地对知识进行理解和掌握。

5. 评价阶段

ADDIE 模型中，评价阶段主要是为了对学习情况进行检测，并对开发设计的课程资源有效性进行分析。ADDIE 模型的评价阶段主要分为形成性和总结性两种。形成性评价主要是针对实施阶段的评价，总结性评价则是针对教学计划之后的评价，对教学最终效果进行评价。

目前，ADDIE 模型在英语教学设计中得到了广泛的应用。我们对 ADDIE 模型基本理论以及相关内容的分析，对于应用 ADDIE 模型进行高校英语微课教学设计来说，具有重要的理论指导作用②。

（二）ADDIE 模型与高校英语微课教学设计的可行性分析

目前来看，"微课"在当下教育行业中得到了一定程度的应用，这种教学模式，能够借助互联网信息技术和多媒体技术，对教学知识点进行有效传输。微课在发展过程中，具有"短、小、精、悍"的特点，并且微课在教学设计时，针对学科知识点或是教学环境，以情景化教学方法为主，是一种新型的在

---

① 陈芳芳. 基于问题求解的微课程设计研究［D］. 南昌：江西师范大学，2014.
② 侯天香. 基于网络教育的微课程设计与应用研究［D］. 北京：北京邮电大学，2015.

线网络视频课程。在进行微课设计过程中，教师必须要进行有效教学设计，并且以系统的观点作为支撑，保证微课设计的优化性。

ADDIE 模型在应用过程中，从"分析、设计、开发、实施、评价"五个方面，对教学进行设计。通过这五个方面的研究和设计，能够保证对教学任务和教学内容进行有效优化，提升教学设计的科学性和合理性。这样一来，基于微课自身的特征以及 ADDIE 模型的特征，将微课和 ADDIE 模型进行有机结合，成为当下微课教学设计过程中，必须考虑的一个重要议题。

基于 ADDIE 模型与高校英语微课教学设计的有机结合，具有多种设计模式。多种教学设计模式的教学设计在细节上存在一定的差异，但是其核心模式具有一致性。ADDIE 模型将英语教学内容进行了更好的概括，突出了英语教学设计的关键点，这些关键点在进行微课设计和制作过程中，符合微课自身的特征[1]。关于 ADDIE 模型与微课设计的结合，应用 ADDIE 模式对外语微课教学设计进行了实际研究，在分析过程中，对学生的学习风格进行了考察；在设计阶段，对教学流程和相关工作进度进行了设计；开发阶段，通过应用辅助教学材料，保证了微课开发的顺利进行；在评估阶段，通过应用问卷调查的方式，对教学设计方案进行了完善。通过研究，ADDIE 模型与高校英语微课教学设计具有较大的关联性，应用 ADDIE 模型能够为微课设计提供方向性指导，微课设计通过对 ADDIE 模型的有效把握，能够更好地提升微课设计质量。

（三）对基于 ADDIE 模型的高校英语微课教学设计模式进行研究

在进行高校英语微课教学设计过程中，必须要保证微课设计的有效性，即微课能够满足实际教学需要，学生通过微课学习过程中，能够对知识进行较好的理解和掌握，从而提升教学效果[2]。这样一来，在进行高校英语微课教学设计过程中，要注重对 ADDIE 模型的核心内容进行把握，充分把握 ADDIE 模型的分析、设计、开发、实施和评价五个阶段的要点。

1. ADDIE 模型的分析阶段

高校英语教学过程中，从学生已经知道什么和不知道什么的角度进行考虑，根据学生原有知识情况进行教学，对于提升教学效果，将有着十分重要的影响。教师在进行高校英语微课设计过程中，要注重对学生进行全面了解，知道学生哪些知识点掌握了，哪些知识点没有掌握，这是 ADDIE 模型分析阶段

---

① 张静. 基于微信的微课程设计开发研究［D］. 昆明：云南大学，2015.
② 姜玉莲. 微课程研究与发展趋势系统化分析［J］. 中国远程教育，2013（12）.

必须考虑的一个重要议题①。ADDIE 模型在分析阶段，我们可以从教学需求、教学任务确定、学生分析三个方面，对 ADDIE 模型分析问题进行研究。

（1）教学需求

考虑到高校英语微课教学设计的实际情况，在设计过程中，需要应用网络和新媒体手段进行微课设计。网络和新媒体手段的应用，要注重明确网络教学应用的主体思路。关于这一问题，美国著名教育设计专家提出了网络四代设计方式：第一代设计是"按指令设计"方式，采取了一种立法实施的自上而下推行模式；第二代设计为"决策者设计"，对某个特定系统问题进行分析；第三代设计是"设计者指引的设计"，通过对实际意义进行讨论；第四代设计为"置身其中的设计"，根据人的实际需要，进行内容设计。这样一来，高校英语教师在进行微课设计过程中，应该参照第四代设计，明确学生的实际情况，对微课进行有效设计，以达到帮助学生学习的目的。直白地说，就是对学生进行需求分析，了解传统教学过程中存在的缺陷，利用微课进行弥补。对此，在进行教学需求分析过程中，教师可采取问卷调查的方式，或是与学生进行交谈，对学生存在的问题进行有效统计。

（2）教学任务确定

基于 ADDIE 模型的教学任务确定，要注重从 ADDIE 教学模式本身对问题进行思考。在对该问题研究过程中，教师在教学任务确定时，可从以下几点对教学目标设计进行思考：

1）了解学生要形成那些重要的认知技能？

2）在教学过程中，需要对学生哪些社会情感进行思考？

3）学生需要掌握哪些重点知识？

4）学生要怎样提升英语口语能力？

5）在阅读理解过程中，学生如何弄懂文章意思？

教师在应用 ADDIE 模型时，可从上述五个问题进行思考。在进行英语微课设计时，就围绕上面的突出问题点，进行设计，突出微课的"小"这一特征。同时，在教学任务确定过程中，要注重对情境的创设，保证微课设计能够具有一定的生动性，使学生在知识学习过程中，充分发挥主观能动性，能够积极、主动地投入到英语学习当中。

（3）学生分析

学生分析是 ADDIE 模型教学分析的一个关键内容，ADDIE 模型下进行高

---

① 袁金超. 基础教育微课资源设计开发的现状分析与策略研究 [D]. 西安：陕西师范大学，2013.

校英语微课教学设计，目的是提升学生的学习能力，更好地对知识进行理解和掌握。这种情况下，高校英语教师要注重对学生进行有效分析，了解学生的性格和学习特征，保证微课设计具有较强的针对性。

2. ADDIE 模型的设计阶段

在对学生情况进行分析后，需要进行 ADDIE 模型的设计，这一过程中，需要考虑到如何实现教学目标。ADDIE 模型的设计阶段，也是突出英语课程特色的关键。在进行英语课程设计过程中，要注重把握合理的设计原则，突出设计重点，满足学生学习需要①。除此之外，还要考虑到相关微课内容的设计。

（1）教学设计原则

教学设计原则包含了简洁性原则、交互性原则、开放性原则和发展性原则。简洁性原则体现在设计的简洁明了，直白地反映出教学目标，体现出微课设计"短、小、精、悍"的特征，交互性原则体现在学生与教师之间的有效合作，其目的在于增强学生学习的积极性，激发学生学习的动力，开放性原则体现了教学设计本身融合了互联网的开放性特征，在进行设计过程中，也要遵循这一原则。采取开放性的设计原则，可以让学生学习资源变得更加丰富，可以让学生随时随地的进行学习，发展性原则是为了增强学生的学习能力，把握微课设计自身的特点。

网络教学打破了空间限制，应用 ADDIE 模型进行高校英语微课教学设计，要注重对资源的有效利用，并能够实现资源的创新和发展②。同时，在进行高校英语微课教学设计过程中，还需要考虑到针对不同教学内容，对微课设计理念进行更新，更好地满足时代发展需要和教学发展需求。

（2）微课内容设计

在进行微课内容设计过程中，要注重从英语教学的内容、技能、情感态度等方面，对内容设计进行较好的考虑。微课本身内容较少，时间短，应用 ADDIE 模型进行设计时，必须明确这一点，通过对关键和核心内容的把握，提升微课设计质量。在设计媒体形式过程中，要注重微课表现形式，可以采取手机直接拍摄的方式，降低成本。而关于 ADDIE 模型微课内容的具体设计形式及内容，可以参考表 6-1：

---

① 李伟红. 小学四年级《*Where Are They?*》英语微课程设计与制作［D］. 保定：河北大学，2014.

② 陶金. 认知语言学视角下大学英语微课的研究与实践［J］. 佳木斯大学社会科学学报，2017，35（4）.

表6-1　微课制作的类型与工具统计表

微课类型	拍摄形式	制作工具	辅助工具
专业拍摄	实地拍摄：教师+摄像机+学生	摄像机、全自动录播系统	电脑、三脚架、操作平台等
	演讲模式：演讲者+摄像机		
个人拍摄	书写模式：教师+手机+书写	手机	手机支架、卡片等
	卡片模式：教师+手机+实物		

由此可见，在微课内容设计过程中，要注重对现有资源和实际教学需求的有机结合，能够对英语教师知识进行有效反映和突出，这是提升微课制作效果的关键。

3. ADDIE 模型的开发阶段

ADDIE 模型在开发过程中，需要保证分析和设计符合高校英语教学实际需要，以前两个阶段作为基础。ADDIE 模型在开发时，注重对技术手段的有效应用，需要对媒体资源和网络技术手段进行应用，这一阶段，对于高校英语教师来说，具有一定的难度。ADDIE 模型的开发阶段，主要涉及了开发流程设计、开发工具应用。

（1）微课开发流程

应用 ADDIE 模型的微课开发流程，主要包括以下几个阶段：首先，需要对微课主题进行确立；其次，对微课内容进行有效规划，加强对资料的搜集，保证微课开发具有内容，能够对教学目标进行有效突出；再者，需要加强微课制作，如相关图片信息的制作等；最后，对微课内容进行上传和发布。

（2）开发工具应用

微课在开发过程中，主要涉及了英语课程的教学设计。在应用 ADDIE 模型进行开发过程中，需要考虑到图、文、音、动画、视频等如何进行应用，对场景进行再现。例如在设计 "*Would you like to order?*" 这一课程时，为了帮助学生对有关词汇进行掌握，在制作过程中，要注重体现出 "做中学" 这一教学理念。可以从制作菜单作为微课设计的主线，设计幽默的视频，引起学生的注意力，从而激发学生学习的主观能动性，让学生能够积极、主动地进行知识学习和掌握。在教学材料编制过程中，要注重遵循高校英语教学大纲的相关内容，注重对语法知识进行有效讲解[①]。例如在讲解 "There be" 句型过程中，可应用 "找不同" 的游戏，激发学生学习兴趣，使学生主动地进行语法知识

---

① 马文佳. 微课程教学模式下的大学英语教学设计与应用研究 [J]. 佳木斯大学社会科学学报，2017，35（2）.

学习。

4. ADDIE 模型实施阶段

ADDIE 模型在实施阶段过程中，我们要注重把握基于 ADDIE 模型进行高校英语微课制作的效果，在应用时，可采取小规模试用，之后将其进行正常教学应用。ADDIE 模型下制作的高校英语微课课件，在小规模应用时，要注重对学生应用情况和应用感受进行分析，了解到在制作设计过程中存在的问题和不足，通过反馈回来的消息，对其进行有效改进。ADDIE 模型小规模试用阶段过去后，将其进行大规模应用。基于 ADDIE 模型的高校英语微课教学设计，在应用时，要注重对所有学生应用感受的考虑，在实施阶段，要注重把握以下几点问题：

（1）学生人数增加后，适用范围得到扩展，这样一来，需要加强对所有学生使用感受的考虑；

（2）学生在应用微课时，教师不要太多干预，让学生能够更加真实、客观地对实际问题进行反馈；

（3）要注重对教学目的进行把握，考虑到微课的实际应用顺序；

（4）考虑到微课应用时间限制，把握课堂教学作为关键，避免出现本末倒置的现象。

5. ADDIE 模型评价阶段

ADDIE 模型在进行评估阶段，要注重提升高校英语微课教学设计的质量，在评价过程中，可采取自评、专家评等评价方式。在进行评价过程中，要把握 ADDIE 模型应用的关键点，即教学设计是否符合实际发展需要，是否对学生教学工作起到了应有的作用。在评价过程中，要注重对问题的发现和解决，更好地实现高校英语微课教学设计的结果。

目前来看，关于 ADDIE 模型评价，主要涉及了以下几点内容：

（1）课程设计界面是否具有多样的表现形式，在字体、画面选择、色彩、整体布局方面，是否从整体进行把握，能够对课程内容进行有效突出；

（2）课程资源形式是否具有多样化特征，资源信息量是否合理。ADDIE 模型在应用过程中，是否与微课自身的特点进行有效把握，资源的开放性和正确性，是否得到了有效体现；

（3）课程设计的交互性如何，学生和教师之间，是否实现了有效互动。

关于 ADDIE 模型的高校英语微课教学设计，具体评价内容如下：教学设计的主线与教学大纲上的要求是否具有一致性，各知识点的逻辑性是否符合实际教学需要，是否能够对学生教学能力进行提升。微课设计过程中，教师讲解的声音是否清晰，学生在听课时，能否对问题进行有效解答。

第三节 慕课在高校英语教学中的应用研究

一、基于慕课的大学英语 ESP 教学

（一）以内容为依托的大学英语 ESP 教学及我国 ESP 教学面临的困境

大学英语是大学里规模最大、大学生最重视的基础课程之一，但也是最令大学生失望的课程之一。"需求分析缺位"在大学英语教学存在的几大问题中占据第二位。蔡基刚认为大学生上基础英语课出现普遍懈怠的重要因素就是为学习语言而学语言，走的是完全语言驱动的路子，这并不能满足学生的专业学习需求或毕业后的职业需求。用来评估考生在专业工作上所需的英语能力的托业考试（TOEIC）在中国走红并迅速发展，正是这种需求的表现。可见，经济全球化刺激了社会发展需求，高等教育信息化、国际化带来了各学科发展的新需求，同时学生要求学习与自己专业相关的英语的需求也在不断增强。

大学英语 ESP 教学正是帮助学生从基础英语过渡到双语课程的桥梁，这里的 ESP 是针对不同学科的共性，关注的是英语交流和英语学习技能，是"跨学科的语言共性的东西"，是通用学术英语。所以，ESP 应被看成是一种语言教学的方法，它强调的是学术技能及学科中的语言交流能力，而不是学科知识。内容依托式教学（Content-based Instruction，以下简称 CBI）产生于 20 世纪 60 年代的加拿大蒙特利尔开展的"沉浸式"教学实验中，它指的是围绕学生即将学习的学科内容或信息组织教学。以内容为依托的大学英语 ESP 教学，即指将语言教学建立在基于某个学科或某种主题内容的教学之上，把语言学习与学科知识学习结合起来，在提高学生学科知识和认知能力的同时，促进其语言水平的提高。

但是，目前我国的 ESP 教学却陷入了困境，限制大学英语采用依托式 ESP 教学的一个重要问题是教师知识结构问题。虽然越来越多的大学英语教师开始拥有专业硕士学位，甚至博士学位，但是教师们的知识结构单一，没有 ESP 研究的背景，因此很难独立开展适合社会需求和学生需要的 ESP 教学，无法满足复合型人才的培养需要。

（二）慕课使我国大学英语 ESP 教学面临挑战与机遇

当前，英语已越来越多地作为传播学术知识的主要语言，这改革了无数大学生的学习经历，因为他们现在必须熟练掌握英语学术话语环境的常规做法，以便了解他们所学的专业学科并自如地在其中遨游。纵观 Coursera、edX 和 Udacity 平台上已经开设和即将开设的大多数世界著名高校的慕课课程，对中国学生来说，虽然慕课提供了来自多个学科领域的、丰富的、开放的在线教育资源，但是并不是人人都可以享受慕课带来的便捷，因为全英课程对他们的挑战不容忽视。果壳 MOOC 学院提供的数据显示，截至 2013 年底，在 Coursera 提供的课程中，使用英语作为教学语言的占课程总数的 88%。在未来慕课模式下，中国学生要想享用世界名师的慕课必然面临着需要听懂全英课程讲座，完成测试，并用英语在平台上与老师或其他学生交流的任务，这都要运用到基本的学术英语语言技能。学生需具备用英语快速有效阅读学术文献、归纳笔记要点、参加研讨小组并清楚表达自己观点等技能。而目前国内对此类课程又普遍没有提供与课程内容相对应的字幕内容，受制于授课期限，在短期内很难完成课程翻译及后期制作，这对慕课学习过程中遇到语言障碍的学习者而言，无异于关闭了开放式在线网络课程的大门。

慕课使我国的大学英语 ESP 教学面临前所未有的挑战，然而慕课发展同样为 ESP 教学改革与发展创造了新机遇。首先，针对教师没有 ESP 研究的背景，很难独立开展适合社会需求和学生需要的 ESP 教学这一现状，教师可以合理利用慕课资源、结合所教授的学生专业，加强自身 ESP 教学能力，实现教师专业发展。慕课课程通常都是国外各个领域优秀教师授课，所以完全可以作为大学英语教师进行较为基础的专业培训的重要资源和方式，教师也会尽快转变角色，将 ESP 教学应用到大学英语课堂教学之中，并帮助学生适应慕课在线全英课程。其次，教师可以依托慕课，培养学生自主学习意识。建构主义学习理论认为：语言学习强调的是学生的主动学习，而不是教师的强制灌输。教学过程中，学生是认知的主体，是意义的构建者，教师是教学过程的组织者、指导者、意义建构的帮助者、促进者。在长期的应试教育之下，我国大部分学生的学习在很大程度上依赖于教师与课堂，方法手段比较单一，借助新媒体时代信息技术的发展，依托互联网及丰富的教学活动增进学生的自主、互动和个性化的学习变得尤为重要。

二、慕课背景下依托式大学英语 ESP 教学模式的特点

慕课的出现呼唤大学英语 ESP 教学加强学术英语技能训练，而大学英语

也应顺应时代需求，利用慕课的优势推进 ESP 教学的开展，满足学生未来的专业发展需求。慕课的发展给高等教育带来了巨大变化，一些大学教师已经开始通过线上线下混合式教学，实现了慕课与传统课堂在教学内容上的混合，并收获了良好的教学效果。那么，大学英语教师应如何实现慕课与传统的大学英语课堂的有效结合呢？这个研究欲建构借助网络"慕课"的发展以及其他形式的网络资源进行依托式大学英语 ESP 教学，即"MOOC 课程（包括其他形式的以英语为教学语言的专业在线课程）+CBI+ESP"以下简称 MCE 模式外语教学。

MCE 教学模式下，英语教学既不是完全意义上的语言驱动，也不是完全意义上的内容驱动，是介于两者之间的 CBI 理念下的教学。

此模式具备依托式 ESP 教学特点的同时，更有其自身的教学特色。

首先，MCE 教学模式具备依托式 ESP 教学的特点，即以学科知识中的共性内容为核心、选取真实的语言材料、适应学生群体的需求。学科内容成为学习语言的源泉，语言能力的获得则是理解这些学科信息及内容的"副产品"。学科知识通常能挑战学生的认知能力，更能引起学生的兴趣；真实的语言教学材料可以为有效习得语言提供有意义的语境。总之，依托式 ESP 教学关注学生的认知、语言和情感等多方面的需求，关注其学术发展和职业需求。

其次，MCE 教学模式借助以网络慕课为代表的新媒体时代信息技术，包括其他形式的以英语为教学语言的专业基础在线课程，对大学英语教师的专业发展提出了更高的要求。教师要采取注册学习网络慕课的方式进行线上培训，提前选取一到两门与学生专业同类的专业基础课程，同时搜集并利用其他线上资源，完善自身专业知识结构。授课过程采用线上线下混合式教学，线上布置给学生慕课以及其他与其专业相关的网络视频学习资源等自主学习任务；线下课堂上根据学生自主学习的任务结合其他学习资料，与学生展开多种形式的课堂互动学习。在 MCE 教学模式下，教学活动重在鼓励学生通过所学目标语言进行思考和学习，学生在完成某一特定的学习任务时，自然地将听、说、读、写等语言技能结合起来。因此，从性质上来说，MCE 模式下的教学是一种交际性的语言教学方法。

三、实证研究设计

为了验证 MCE 教学模式的有效性，我们通过实践教学实验、问卷调查、访谈等定性、定量的研究方法进行了小范围的实证研究。

（一）研究的问题

第一，MCE 教学模式是否对学习者个人因素，包括英语学习动机及英语学习策略产生影响，如果有影响，新的教学模式又是如何影响学习者的学习动机和学习策略的。

第二，MCE 教学模式是否会对学习者综合英语水平产生影响，如果有影响，具体对综合英语的哪些方面产生影响。

（二）研究对象

这项研究中的被试是来自一所国内重点大学的 72 名医学专业的学生，实验开始时他们刚升入大学第四学期学习，并均已通过全国大学英语四级考试。实验学生被随机分为两组，实验组与对照组，各有 36 名学生，实验组开展 MCE 模式的语言教学，对照组仍以常规的大学英语教学模式进行教学。

（三）研究方法

实验过程包括定量研究和定性研究，定量研究包括一系列测试及问卷调查，以便从实验数据上分析 MCE 模式的外语教学对学习者学习动机、学习策略及学习者综合英语水平的影响作用；定性研究包含对 MCE 外语教学模式下的学习环境和学习过程的研究，将以课堂教学研究、教学过程考察为基础，以便结合定量研究的数据结果进行分析讨论。

（四）实验课程内容与教学组织过程

在实验组中，课程内容为医学科普知识和简单的医学专业知识，涵盖当前医学热点问题和国外新医学观点、动态，教学内容的选取不限于课本，具有较强的灵活性，强调真实材料的应用和时效性，任课教师不再依赖于课本。教学过程中不过分关注语法或语言结构，更多关注的是语言学习材料的内容及学生的个人观点以及对事物的认知角度。课堂教学活动主要包括教师就某一主题的介绍、学生在自主预习的前提下就此主题进行的观点陈述、教师根据学生的陈述提出问题并进行小组讨论等。教学的目的是让学生在学习中获得真实、有意义的学科知识的同时，获得使用英语的能力。

对照组的课程为大学英语精读、泛读课程及听力课程，教学过程围绕课本展开，教学方法为语法—翻译与其他教学方法相结合的方法，课堂以教师讲解语法、词汇为主，同时结合少量的师生互动与听、说、读、写技能的训练，这也是目前国内英语教学的主流教学模式。

（五）实验结果及讨论

1. 学习动机得到提高

经过一个学期的学习，两个教学班级学生的学习动机都有了提高，但参加 MCE 语言教学模式的学生比在常规的大学英语教学班级的学生在学期末的动机测试中总体上表现出更强烈的学习动机，具体表现为在 MCE 教学班级中，学生学习英语的动机水平较实验前有了更大幅度的提高。产生这一结果的原因有如下几点。

（1）教学方式方法的创新，激发了学生自主学习的积极性。MCE 教学模式下，教师通过借助慕课平台上的资源，考虑学生的专业背景和兴趣所在，采取混合式教学，以循序渐进的方式，在慕课平台上选取课程的某些章节，让学生课下自学，然后课上展开班级讨论，将教师的讲解与视频相结合。教师兼顾基础英语巩固，同时开展 ESP 英语的学习，把重点放到行业领域的交际策略和技能上，训练学生的学术口语交流能力，帮助学生扩充包括专业词汇在内的英语词汇，熟悉学术英语的句法和篇章特点，为其双语课堂及专业英语的学习做准备。教师这种借助新媒体时代信息技术将语言教学与学科内容相融合的教学方式，使学生逐渐意识到语言学习的工具意义并对其产生了巨大的好奇，而正是这种好奇心推动了学生自主学习以及学生内在的学习动机。

（2）慕课在线学习的巨大挑战，激发了学生学习英语的动力。学生在慕课平台上听到的英文授课极大地挑战了其现有的英文水平，加上教师课堂上布置的结合线上慕课内容的作业，学生体会到了未来对英语的应用需求，也坚定了学好英语的信念。因此，我们可以初步得出结论：大学英语教学环境中借网络慕课平台实施以内容为依托的 ESP 外语教学模式，能有效提高我国英语学习者的学习动机。

2. 学习策略得到提高

学习策略的问卷调查表采用 5 分制，得分越高表示在语言学习过程中采用的学习策略越多，Oxford 将学习策略分为三个等级：5.0~3.5 为高级；3.4~2.5 为中级；低于 2.5 为低级。在前测中实验组和对照组在英语学习策略使用上没有显著差异，平均使用各种学习策略分别得分为 3.00 和 2.92，都属于中级水平，这一结果与国内其他相关研究 M=2.99 及 M=2.90 基本一致。同时，实验组与对照组在实验前对各项学习策略的使用情况也没有显著差异，因此整体使用学习策略无明显差异。但是实验结束时，MCE 教学班级的学生比在常规大学英语教学班级学生更多地使用了学习策略，在学习英语的过程中变得更有自主性和自我管理意识。在 MCE 教学班级中，学生较对照组更多地使用了补偿策略，元认知策略和社交策略。

我们认为产生这一实验结果的原因如下：MCE 教学模式以学生为中心，以学科知识为背景，注重学习过程中的体验，注重自主学习和独立思考能力的培养。课上教师将慕课资源与教学相结合，根据学生课堂表现及教学任务布置作业，课后学生借助慕课及其他网络资源自主学习，与教师的课堂教学形成互补。MCE 的教学模式丰富了学生语言的同时发展了其对信息的采集、识别、分析等能力。学用结合的机会不但增强了他们学习兴趣以及学习上的自我管理能力，同时使学生思辨能力得到了提高，使学生开始重新审视外语学习的方法与态度，采用更多的学习元认知策略、补偿策略和社交策略，从而实现了学生的学科知识和语言能力的共同提高的理想效果。

3. 学生总体英语水平显著提高

MCE 外语教学模式和常规的大学英语教学模式都有助于学生总体的英语水平的提高。然而，与常规的大学英语教学班级学生相比，MCE 外语教学班级的学生能更快地提高他们的总体英语水平，表现出了更高的接收语言的技能，具体体现在阅读与听力能力的显著提高。通过一系列定性研究，研究小组还发现，经过一个学期的学习，与对照组学生相比，实验组的学生在具体语境中使用语言的能力以及口语技能都比实验开始时有了明显的提高。即学生在 MCE 教学模式下学习动机与学习策略使用的明显变化，我们不难推测实验班综合英语水平得到了显著提高。

MCE 外语教学模式提供了一种有利于语言习得的学习环境，其依靠网络资源使语言输入变得更加多样化、真实化，以学科内容为依托的英语教学为学生提供了更多的机会进行相互交流，激励了学生去学习学科内容和语言，学生的英语学习主动性有了实质的提高。学生通过接触学科知识和解决现实问题来提高语言水平，也提升了思维技能。因此，我们可以初步得出结论：大学英语教学环境中借助以网络慕课平台为代表的新媒体时代信息技术，实施以内容为依托的 ESP 外语教学模式，能有效提高英语学习者的综合英语水平和思维能力，为他们学习学科知识打下了语言基础。该教学模式可以作为大学英语教学环境中众多教学方法中的一种选择，如果在大学英语教学环境中，MCE 模式下的英语教学的一些条件能够得到满足，该教学方法将能体现出其无法替代的优势，帮助以英语为外语的中国语言学习者提高其英语水平，也帮助了学生形成自主学习和自我管理的技能，这也必然会有益于学生的学科学习能力的发展。

慕课的兴起即将对我国乃至世界的教育体制、教育观念、教学模式和大学功能等产生深刻影响，对教育工作者而言，创新教育方法迫在眉睫。如何利用慕课优势，加强自身素养，并结合教学内容及教授方法进行大学英语教学改革的有益尝试是大学英语教师努力的方向。

第七章 高校英语信息化教学方法创新之远程教学

网络信息的发展推动了社会发展的各个方面，在教育教学中的应用也日益广泛。网络环境下的英语教学采用新型的教学模式——远程教学，能够在一定程度上满足学习者的各种需求，取得了较好的教学效果。

第一节 远程教学的基础知识

一、远程教学的定义、特征及缺点

（一）远程教学定义的讨论

远程教学（distance education）也称为远距离教育，它的一个鲜明特征就是非面对面的、有地域距离的教育活动。远程教学的概念在不同历史阶段有着不同的理解，下面四个定义分别反映了这种变化：

（1）远程教学是一种有系统组织的自学形式，在这种形式中，学生的咨询、学习材料的准备以及学生成绩的保证和监督都是由一个教师小组进行的。这个小组的每个成员都具有高度的责任感。通过媒体手段有可能消除距离，媒体手段可以覆盖很长的距离。[1]

（2）远程教学是一种传授知识、技能和态度的方法，通过劳动分工与组织原则的应用以及技术媒体的广泛应用而合理化，特别是复制高质量教学材料使同一时间在学生们生活的地方教导大量学生成为可能。这是一种教与学的工

---

[1] 文源，汤晓伟，耿桂芝. 现代教育技术 [M]. 镇江：江苏大学出版社，2016：225.

业化形式。①

（3）远程教学是教育致力开拓的一个领域，在这个领域里，在整个学习期间，学生和教师处于准永久性分离状态；学生和学习集体也在整个学习期间处于准永久性分离状态。技术媒体代替了常规的、口头讲授的、以集体学习为基础的教育的人际交流（这样与自学计划区别开来），学生和教师进行双向交流是可能的（这样与其他教育技术形式区别开来）。它相当于一个工业化的教育过程。②

（4）远程教学是对教师和学生在时空上相对分离，教与学的行为通过各种教育技术和媒体资源实现联系、交互和整合的各类院校或社会机构组织的教育的总称。③

综上所述，本书认为，远程教学是一种利用现代信息通信技术，使教与学的行为实现超越时空的互动，从而保证各类学习资源最大限度发挥效应的一种新的教育方式。这样定义的原则在于，首先，突出了远距离教育实现的媒介——现代信息通信技术；其二，突出了教育方式上的新的突破，即突破了面对面教学在时空上的限制；最后，突出了远程教学的效率，即实现了优质教育资源的全面整合。

（二）远程教学的特征

与常规的学校教育相比，"远程教学"有如下特征。

（1）开放性

开放性是远程教学最基本的特征。常规的学校教育是封闭性的，其表现是教育资源被封闭在校园内，教育的门槛被抬高，接受教育的人始终是社会中的少数精英。远程教学则是面向社会大众的，对学习者来说，教育的门槛被降低，接受教育的机会大幅度地增加，教育信息资源得以共享。远程教学就是应社会大众的教育需求而诞生的，远程教学的根本目的就是为一切有学习意愿的人提供受教育的机会

（2）延伸性

延伸性是远程教学的功能特征。常规的学校教育把学习者从四面八方汇集在特定的校园中，在一定的制度安排下，由教育者对其实施教育活动。这是一种教育资源与功能收缩和集中应用的教育形式。远程教学正好相反，它把教育

---

①　李兵. 知识管理与现代远程教学发展研究［M］. 南宁：广西人民出版社，2014：31.

②　余武. 教育技术学［M］. 合肥：中国科学技术大学出版社，2003：326.

③　陈晓慧. 现代教育技术［M］. 北京：北京邮电大学出版社，2009：175.

信息传送给四面八方的学习者，借助各种媒体技术把教育信息向外传输，实际上就是把教育资源和教育功能向外扩散。远程教学就是通过这种扩散，将自己的教育功能向整个社会延伸。这种延伸性符合现代教育的终生学习的理念。

（3）灵活性

从各个国家的情况看，远程教学一般面向成人，承担了在职教育、成人教育的工作。于是，远程教学在高等教育、成人教育领域得到迅速发展。这样一来，远程教学在课程设置、学籍管理、教育管理等方面要比常规的学校教育更灵活多样，充分适应成人学习者的特点。

（4）媒体中介性

与常规的学校教育相比，远程教学是基于媒体技术和各种教育信息资源进行其活动的，只有借助信息工具才能构成远距离的教育活动。所以，远程教学的各个环节，如注册报到、教学活动、作业的布置与提交、评价和信息的交流与反馈等，都离不开有关媒体的中介作用。尽管常规的学校教育也需要媒体技术，但它不像远程教学那样对媒体工具、对传输手段有着高度的依赖性。没有媒体手段的中介作用，远程教学就难以开展。

（5）管理性

尽管远程教学具有开放性、延伸性和灵活性的教育形式，但它依然是在一定制度下，有目标、有管理、有评价、有反馈、有调控的教育活动。远程教学的开放性、延伸性和灵活性，并不意味着随意性和盲目性，它依然以特有的方式和制度调控教育活动的运行。不能把大众传播的信息接收方式——随意点击网页、随意调换电视频道等行为理解成远程教学，这种行为不是远程教学，而是广义的个人化的"学习"。

远程教学一方面常常作为与学校教育相对的一种教育形态来理解，但在很多时候人们也把它理解为一种教学和学习活动。事实上，理解远程教学的概念也可以从"教"与"学"两方面来进行理解，即所谓的远程教学（distance teaching）和远程学习（distance learning）。

所谓远程教学，就是指教师与学生在非面对面的状态下，借助媒体技术手段进行的教学活动方式。从本质上说，远程教学是相对课堂教学而言的一种教学活动方式，这种教学活动方式是由师生之间分离的教与学的行为、信息技术媒体、特定的教育信息资源和教学辅导方法等要素组成。

与课堂教学相比，"远程教学"具有以下几个特征。

（1）教学与学习行为是分离的

由于教师和学生的活动不在同一个课堂空间，使教和学的行为在空间上产生分离。教的行为在某地发生，而学的行为在其他地点发生。

（2）教学与学习行为可以是异步的

远程教学可以借助现代信息技术进行同步教学，但在大多数情况下，教师教和学生学的行为是非同步、非实时的。当教师在实施教学行为的时候，学生的学习行为可能并没有发生；同样，当学生的学习行为发生时，教师教的行为可能已经结束。

（3）媒体中介作用

远程教学是借助各种通信工具和信息技术媒体而实施的教学活动方式，这也是远程教学可以实现非面对面交互的根本原因。

（4）教学控制的间接性。远程教学也是教与学的活动，只有教或学的单方面的活动不能称为教学活动

当然，远程教学对学习者控制和管理是间接的，如通过教学指导书、课件、网站、通信工具等进行，还要辅之以面对面的讲授等活动，以增进远程教学的效果。远程教学的控制管理工作是间接的，但不是空白的。

如果说远程教学侧重于描述借助媒体技术和信息资源而进行的教学活动的话，那么程学习则倾向于说明学生的学习活动。所谓远程学习是指学习者利用各种媒体获取教育信息资源、完成特定的学习任务的活动，它可以有两重含义：一是指大众化的、非教育者指导下的个体自主的学习；二是专指远程教学中学习者的学习行为。远程学习不同于常规的课堂学习，它不存在"完整"的教学过程，学生自己管理和控制学习过程（自学），单元学习密度可以按照自己的时间非均匀分布，教师组织各种活动形式基本通过各种媒体手段来传递。①

与课堂学习相比，"远程学习"具有如下特征。

（1）学习的自主性

远程学习要求学生有较高的自主意识，有较强的独立性和学习动机。由于远程教学对远程学习不能进行直接的干预，因此学习活动只能由学习者根据自己的爱好、兴趣和实际需要自主发起。

（2）自我需求导向性

由于远程学习是学习者自主发起的学习，推动学习的动力和维持学习的导向主要由学习者自己的需求决定，学习者根据自己的实际需求，选择学习内容，推动学习进程。

（3）是一种自我调节的学习活动

学习者必须自我安排学习计划、学习内容、自我监控学习过程和自我评价

---

①　黄荣怀，张进宝，董艳．论网络教学过程的四个关键环节［J］．中国电化教育，2003（1）.

学习结果等。与远程教学的间接控制相比，远程学习的控制状态完全靠学习者自己。

学习活动单元主要用于完成各种学习活动。远程学习能力可以说是信息社会中获取和加工信息的一种能力，是近年来强调的信息素养的核心部分。在越来越强调自主学习和创造性的今天，通过信息技术手段获取信息和创造信息的能力已经成为现代人的基本素养之一，因此也可以认为远程学习能力将会成为学校教育所关注的基本能力之一。

（三）远程教学的缺点

远程教学不同于传统教育，有其自身的优势特点，但在当前的远程教学中还是存在一些问题，使远程教学不能发挥其应有的功效。

1. 远程教学资源缺乏，无法满足学生自主学习的需要

网络上教育资源的使用是远程教学的一大特色，在远程教学中学生可以利用网络上的各种多媒体教材、课件等教育资源来进行学习并接受必要的辅导、答疑等学习活动。但是从现实来看，大部分网络上有关远程英语教育课程的资源内容不够丰富，形式过于单一，缺少学习方法和思路的指导，不便于学生学习；一些双向视频和卫星传送的课堂讲授不适合远程学生的学习需要。当前远程教学资源缺乏已成为阻碍我国远程教学快速健康发展的瓶颈。

2. 教师的素质和能力还不能完全适应远程教学中学生学习的要求

教师在远程教学中具有重要的主导作用，是远程学习的指导者、激励者和协助者。但目前我国远程教学师资队伍建设从总体上说还比较薄弱，主要表现在师资素质与职责与服务要求不相适应。现代远程教学对教师的要求与传统教育有着根本的不同，要求教师不仅要懂得用现代信息技术进行远程教学，而且要懂得培养学生课堂教学中的互动。

3. 远程教学中学生学习的模式还不够完整

远程开放教学不仅要完成专业知识的教育功能。而且要帮助学习者完成从"自由学习"到"自主学习"的学习观念的转变，把他们培养成为具有学习自主性的人。这是帮助学习者构建自主学习模式过程中的主要工作内容和工作目标。但是当前的远程教学中，网络或卫星电视英语教学还停留在以教为主的状态，学生处于被动学习，语言学习观念没有改变。成人选择远程教学学习英语的动机大都是为了实际工作的需要，这就要求远程英语教育应该更加注重学生英语语言交际能力的培养，而不是简单知识的传授与重复。

4. 远程教学中学生缺乏足够的自我约束和自我控制力

远程教学的学习者同传统在校学生有很大不同，他们是来自不同背景的学

生，年龄分布、职业状况、学历和专业、学习动机等等都存在很大差异，因而导致学习目标、学习方法、学习条件乃至于学习者的心理、行为、学习效果都存在很大变数。远程教学对学生的自我约束能力有很高的要求，因为在网络远程教学阶段，网络文化各式各样，对不同年龄、不同能力层次的学生没有明确的界定，因此部分缺少约束力的学生沉迷于网络娱乐而远离学习。因此，加强学生自控力的教育是当前远程教学中的关键问题。

二、远程教学的类型

远程教学是一种新型的教学形式，这种形式随着媒体和社会的发展变化而产生了多种多样的模式。从不同的研究角度出发，可以将远程教学划分成不同的教学模式。

（一）按教学媒体角度分类

1. 函授教学模式

主要借助印刷媒体教材传送与呈现教学信息，这是最早的远程教学形式。在函授教学模式中，学生以自学印刷材料为主，并且定期或不定期地参加函授机构主持的面授与辅导、实验、实践和考试等。

2. 无线电广播教学模式

利用无线电广播媒体来传送口头语言教学信息，并辅之以印刷媒体教材。这种模式很适合于语言类和音乐类的课程教学，学习者按时收听广播，并且结合印刷媒体教材进行自学。但由于收听时间安排的局限性较大，广播又是稍纵即逝，加之更先进的教学媒体冲击，使该类型模式目前没有太大的发展。

3. 电视教学模式

主要以电视媒体作为传送教学信息的载体。由于电视媒体信息的呈现特点，使该类型模式从产生至今一直受到欢迎，是目前世界上最重要的远程教学形式之一。学员除了定时收看电视教学节目或通过录像带学习以外，还必须自学印刷媒体教学资料，定期到当地的学习中心参加面授，完成规定的教学计划或参加考试等。

4. 计算机网络教学模式

运用多媒体网络技术作为教学媒体，是最富于前景的远程教学模式。多媒体网络所至之处就形成了一个人教室，几乎所有的教学活动都可以在网络上来完成。在这里，多媒体技术不仅可以融文字、声音和图像于一体，而且可以消解时空距离，实现自由自在的对话，使师生之间、学员之间的双向交流成为可能，真正做到"足不出户，学所欲学"，从而使教学变得更富个别化。目前，这种模式的教学已在一些国家和地区（如欧美地区和日本）应用并取得了良好的成效，现在我国也已迈开了快速发展的步伐。可以肯定的是，计算机多媒体网络技术的教学形式将是现代远程教学发展的必然方式。

（二）按感觉通道角度分类

可以从感觉通道的表现形式将远程教学模式划分为以下4类。

1. 阅读型远程教学模式

以印刷媒体为主要信息源的函授学校采用的就是这种类型。

2. 听觉型远程教学模式

以无线电广播为主要信息源的广播学校采用的就是这种类型。

3. 视听型远程教学模式

以广播电视、卫星电视和闭路电视为主要信息源的广播电视学校和教育电视台采用的就是该种类型。

4. 交互型远程教学模式

这是一种以多媒体计算机网络为主要信息源的个别化学习类型或形式。

（三）从办学和管理的角度分类

按照此方法，将远程教学系统分为两种不同的大类：独立的远程教学机构；常规院校中的远程教学部门。

三、现代远程教学

"现代远程教学"是一个发展的概念，是师生凭借现代网络技术与多媒体手段所进行的非面对面的教育。它是计算机技术和因特网技术在远程教学领域的新兴应用，需要特别指出的是，新的远程教学形态的出现与应用并不意味着否定和抛弃原有的远程教学形态。

基于网络的现代远程教学的最显著的特征是可以做到"五个任何"，即任何人、在任何时间、任何地点、从任何章节开始、学习任何课程。他在学习模式上最直接体现了发展中的现代教育和终身教育的基本要求。

此外，现代远程教学的优势还体现在以下方面：

（1）双向互动。因特网中信息资源与用户、用户与用户之间可以进行全方位的、能动式的实时互动。网络的这一重要特性，使现代远程教学实现教师与学生、学生与学生之间的双向互动、实时全交互成为可能。

（2）基于多媒体的内容表现。计算机网络具有强大的多媒体传输与表现能力，将多媒体信息表现与处理技术运用于网络课程将结合知识学习的各个环节，使现代远程教学具有信息容量大、资料更新快和多项演示、模拟生动的显著特征。

（3）个性化教学。现代远程教学网络为个性化教学提供了现实有效的实现途径和条件。利用计算机网络所特有的数据库管理技术和双向交互管理功能，可以实现对每个学生的学籍资料、学习过程等信息系统化的跟踪和记录。在此基础上，教学和很少。

第三代远程教学技术出现在 20 世纪 80 年代中后期，远程教学开始使用个人计算机技术，不久又出现了双向视频会议。同以前相比，教师可以传送大量更加复杂的信息给学生，使学生之间、师生之间可以通过电子邮件、电子公告牌和即时通信软件进行交流。计算机辅助教学、计算机模拟以及其他通过计算机磁盘、光盘和网络等途径的电子资源进一步表现出这一代远程教学的特色和活力。

第四代远程教学技术更加先进。学生之间、师生之间的交流得到加强，进行交换的信息的数量和种类显著增加，所需时间变得更短。事实上这些进步更加减少了远程教学对时间和空间的依赖性，实现真正意义上的虚拟大学正在成为可能。

现代的远程教学融合了第二、三、四代技术。在划分远程教学的不同实施方式上，要着重说明的是，这并不是要表明这样一种观点，即技术越先进远程教学就一定开展得越好。不同的远程教学技术满足不同的教学和学生的需要，相应的技术成本也会不同。另外，像学生年龄、文化和社会经济背景、兴趣和经历、所受教育程度、对远程教学方法和传输方式的熟悉程度等因素，也会影响远程教学的效果。

四、远程教学的发展趋势

从实践经验来看，现代远程教学的主要特点是，强调学生以自主的个性化学习为主。它与传统广播电视教育的不同之处在于，人们可以在计算机网络的环境下，不受时间和空间的限制，完成随时、随地的交互式教学活动，使人们接受方便、高效的教育，教育质量得到明显提高。

（一）充分利用各种技术手段满足各种教育需求

远程教学的发展趋势是充分利用现有各种技术手段建成满足各种接入方式的教学平台，为全体社会成员创造接受教育的各种不同条件方式。在教学资源建设方面，必须提供内容丰富的远程多媒体教学课件、课例和资源库（包括课程教学内容、学习与辅助材料、样题、学习进度及时间安排）等，满足网上教学需要。同时，建立电子图书馆，为学员提供馆藏摘要、期刊与索引，实现与国内外站点的连接以及读者间的相互交流。建立学科公共信息服务体系，介绍学科的发展趋向，并不定期地举行网上学术讲座和学术会议，收集学科论文与资料，丰富网上资源，并对学科建设中的一些著名人物进行重点介绍，对一些热点问题展开讨论等。加强网上教学管理，为学员创造良好的学习氛围。研究和开发适合网上教学需要的教学管理软件和管理系统，规范各项管理工作，同时，面向广大学员创办电子刊物，丰富网上学习文化生活。

（二）充分利用网络和多媒体技术实现实时同步教学

远程教学的另一个重要发展趋势是，随着网络带宽的不断提高和支持实时多媒体通信协议的研究和发展，以及新的高效压缩技术的使用，远程教学将支持教师与学生、学生与学生之间以多种媒体（特别是音频和视频）进行实时同步交互。同时，虚拟现实技术在远程教学中得到使用，使网上开放学校的各种活动能更加直观、形象、自如和高效地进行，彻底消除时间和空间上的差别，增强系统的人机交互能力和人与人交互的友好性。随着人工智能、知识工程等的发展和应用，在远程教学中甚至将出现虚拟教师或学生，模拟教学活动等，以减轻教师负担。

第二节　基于互联网+O2O 三位一体式英语远程教学模式研究

一、O2O 教学模式研究现状

O2O 模式最早是应用于商业领域的思维模式，即线下的实体部分与线上的互联网部分相互结合。近年来 O2O 模式被广泛应用在教育教学上，"互联网+教育"是信息技术与学校教学的有效结合，它能够有效地将网络信息资源和现代教学融为一体，是对传统教学模式的一种创新。所以本节将从"O2O"和"互联网+教学模式"两方面进行阐述。

（一）O2O 概述

2010 年 8 月，"O2O"（Online To Offline）的概念最早起源于美国，代表一种线上和线下相互融合的新型商业运行模式，核心思想是提供给顾客更贴心、更个性化的产品和服务。Alex 首次将这个模式定义为 Online to Offline。将这一经济学领域概念迁移到教育学领域。"O2O"的概念从 2010 年 11 月引入中国，随着"云技术""大数据"为代表的信息技术的快速发展，中国教育领域掀起了"O2O"的实践和探索大潮。O2O 教学模式是指在移动学习互联网、云计算、物联网、大数据环境中将课堂教学与现代网络教育互补。

（二）互联网+教学模式概述

随着现代科技的发展和互联网的普及，互联网技术已被很多学校广泛运用在教学过程中，计算机互联网与英语教学的结合是当今英语教学改革的重点研究方向。这二者的结合丰富了教学模式，给教学带来了很大的便利，教师要以创新发展的态度，结合有效的信息化技术手段，及时更新教学模式，不断激发学生的学习热情和动力，帮助学生提高英语自主学习能力，进而更好地开展英语的教学。

互联网背景下的英语教学中存在的一系列问题，在利用翻转课堂的教学模式改造传统教学过程中，我们发现这种新型的模式能够改善目前英语教学的弊端，极大地提高了学生参与英语学习的积极性，对提升英语教学质量以及学生掌握英语的能力都具有积极意义。教师可以通过对互联网进行有效利用来提升英语课堂的质量和教学效率。微课、在线答疑、在线题库运用于课堂，能够促进学生提高在学习过程中的积极性，并为学生养成自主学习的习惯奠定基础。学生通过互联网的方式进行学习，可以提高学生在预习、复习过程中的效率，也对提升学生学习积极性具有重要意义。在信息技术的时代背景下，微课、慕课、翻转课堂等新型教育模式层出不穷，受到了专家学者的重视，也受到了学生的喜爱。这种新型的教育模式能够为学生提供随时随地自主学习的机会，提高了对知识的掌握和运用程度，这种新型教育模式也是我国教育发展的主要趋势。对大学课堂中"互联网+翻转课堂"模式在英语课堂中的应用进行分析，发现其具有十分突出的优势。

二、基于互联网 +O2O 模式的三位一体式英语远程教学模式设计

（一）设计基础

首先，成熟的 4G 移动互联网是项目实施的基础。随着我国移动互联网网络的高速发展，即使是偏远山区已经实现 4G 信号全覆盖。随着"提速降费"工程的实施，目前网络流量费用也大大降低。

其次，已有的免费互联网平台资源是项目实施的有利条件，如"微信"

"抖音""公众号""腾讯视频""斗鱼直播"等成熟互联网平台，比如，通过微信可以实现图文语音直播课程并实时在线答疑。而且以上平台均可以免费使用，不会增加学校的经济负担。

最后，于整个项目最终落地实施而言，本项目最大的优势就是运行费用极低，可以利用学校现有的教学硬件条件或者进行非常小的成本投入。一部智能手机、一台智能电视、4G网络、免费互联网平台，即可满足英语教学需要。

（二）操作步骤及教学过程演示

线上线下双向融合模式是现代教学中的一种全新教学模式，是与现代信息技术相结合的产物，符合现代教学理念。基于此，这里提出了互联网+O2O三位一体式英语远程教学模式。其中线上课堂是指通过当地便利的网络教学设施条件，为学生送去在线网络课程，并通过网络直播的方式对学生进行教学和课堂互动。线下课程是指教师根据学生学习情况组织教学和重点点播，促进学生英语能力的提升。

（1）线上教学模式

线上教学部分旨在通过当地便利的网络教学设施条件，为学生送去在线网络课程，并通过网络直播的方式对学生进行教学和课堂互动，让学生对互联网和网络学习有全新的认知，在线直播是线上教学模式的主要环节。

学生利用电子设备学习时，可在直播平台下方针对自己学习过程中的疑问进行实时提问，由教师进行在线及时答疑，和教师完成即时互动，借此达到学生与教师有效交流的目的，实现"人机互动""人人互动"的效果。在集中学习完结后，教师可就学生课前预习时遇到的难点有针对性地调整在线课程的内容，从而更好地保证学生的在线英语学习质量，从而有效实现"即时互动"和"延时互动"的效果。

（2）线下教学模式

线下教学模式分课前预习、课堂组织及课后优化三部分进行。首先，课前预习主要是教师将课前预习资料发放给学生，学生可以借助互联网平台，利用电子设备进行自主提前预习。其次，课堂组织即教师利用直播或录播课程组织课堂教学、设计教学问题、与学生进行互动，加深学生对知识的掌握和理解。最后，课后优化是指教师对学生本节课所学知识进行形成性和终结性评价，解决学生存在的疑惑，收集学生的问题，以便更好地安排和优化下一节课的教学内容。在此过程中，教师的英语教学方法将得到改善，先进的英语授课思维将得到培养，从而实现优质教学方法和教学资源互享。

第三节　远程教学在英语教学中的应用研究

一、依托远程英语阅读教学，培养学生批评性语言意识

（一）远程教学中英语阅读批评性语言意识的培养策略

在传统英语阅读理解教学过程中，教师通常是要求学生掌握充足的英语词汇量，引导学生把问题分门别类，一般将英语篇章阅读理解题型分成几大常见类型：推理判断题、细节分析题、词义猜测题、主旨大意题。

教师在引导过程中要求学生带着问题去文章中寻找答案，而运用远程教学模式来进行教学，需要引导学生适当运用批评性意识，及辩证思维来分析文章内容特点，作者意图等，同时要注重强调这种思维模式的运用，使学生能够有意练习使用批评性意识来解读英语阅读理解文章。

远程教学本身是在互联网平台上进行的，所以教师要利用其开放性，要让学生学会利用网络资源，培养学生的批评性意识对文章的语言、作者思想、文化背景等进行分析和解读，从而有意培养学生学会用批评性思维进行阅读理解英文语篇。

（二）丰富英语阅读批评性语言意识背景内容的学习

教师在进行备课的过程中，需要搜集整理每一篇英语阅读理解语篇的社会背景知识，文化语言知识等，在带领学生进行语篇阅读理解分析的时候，能够更全面有效地运用批评性语言意识进行分析，每一篇文章都可以是一个社会现象的缩影，教师需要引领学生从某一个现象或一个文化知识点上打开思路，提升学生的分析理解水平，结合国内外的社会形势进行分析，有助于丰富学生的文化背景知识，同时可以培养学生的批评性思维意识，增强了学生的自主学习能力和理解分析水平。

（三）深化教学改革

无论哪种教学模式，深化教学改革都是永远需要思考的问题和方向。重视批评性语言意识是引领远程教学改革方向的一个重要创新点。从系统功能语法

的角度深化远程教学改革策略，能够系统有效地实践英语阅读教学中批评性语言意识的渗透。

系统功能语言学中含有三大纯理功能：人际功能、概念功能和语篇功能。人际功能的广泛应用体现出了人与人之间语言表达的关系，包括在社会交往言语活动中，说话人与听话人之间的情态、语气、地位、说话动机等，因此在英语阅读理解篇章中，不同的作者其表达出来的语言风格一定是不同的，通过分析语言风格，推测作者地位、说话动机和思想感情等有助于加深理解所阅读篇章的含义，有助于理解作者的主旨意图。教师在讲课过程中适当渗透系统功能语法中人际功能的重要性，有助于学生培养观察人际功能的含义和其作用，并运用批评性语言意识进行分析理解。

概念功能是人们通过了解语言，从而了解世界的一种经验，是对客观世界中时间、空间的一种描述。教师系统地讲授概念功能，有助于学生了解掌握语言的这种客观经验，并在阅读理解过程中，将其灌输入批评性意识思维中去，可以从不同角度分析理解阅读篇章。

教师对语篇功能的解读是最基本的一种教学方式，用于帮助学生掌握篇章结构及其构造功能，从而培养批评性意识思维进行语篇分析练习。语篇中的每一句话都可以以主述位来划分，通过教师对主位和述位结构的分析讲解，学生能够养成庖丁解牛的思维习惯，从而培养学生在阅读理解过程中关注句章之间的衔接与连贯，以此进一步对语篇整体分析理解。语篇功能可以培养学生从整体的角度对阅读语篇的理解，也可以从微观的角度培养学生理解词、句群与句子之间更深层联系。

系统功能语法体现的就是语言的三大纯理功能，这三大功能可以用于分析语言的特点，学生在掌握语言三大纯理功能的同时，学会运用批评性语言意识，能够从各个角度对英语阅读篇章进行分析理解，因为分析的角度复杂，因此得到的结论就更加接近于真实答案。教师在培养学生阅读理解英文篇章的时候，不能够停留在字面含义，更需要学会掌握运用远程教学多媒体的网络工具，更全面深入地查阅文章的社会文化背景内涵，从而培养学生可以辩证地批评认识所了解的知识点，使学生能够养成结合语言背景知识、语境特点、风俗文化等社会客观因素，并在积累知识中学习、养成新的阅读理解习惯，为拓展知识面做出循序渐进地努力。这就是在培养学生养成批评性语言意识并适应远程教学的教学过程。

在这个过程中，教师要强调远程教学手段的多样化，并要求学生理解掌握简单的语言学理论，以助于学生增强英语阅读理解解题能力。

二、基于 Wiki 的远程开放英语写作教学

基于 Wiki 的远程开放写作教学模式是以建构主义理论和社会互动理论为基础，以学生的学习活动为教学主体的教学理念为支撑，在教师的监控和引领下，借助因特网的 Wiki 空间，创建以师生互动和人机互动的动态写作环境，实现国家开放大学办学系统内跨区域的教师与学生共同针对某一特定的问题或任务进行探索，并制定相应的教学评价策略，从而积极有序地完成写作活动的教学过程。

在 Wiki 平台上，每个成员都可以编辑、维护或修改页面，师生可以共同探讨问题，平等进行交流和探讨，充分体现协作性学习的理念。它还可以跟踪和记录每位成员的学习记录，帮助教师完成对学生形成性的评价过程。它是集教学设计、写作过程、写作的评价与修改于一体的，由师生的共同互动来完成的英语写作的教学模式，具体建构模式如下。

（一）建构模式

1. 基于 Wiki 的远程开放英语写作教学模式的建构共分为预备环节、写作环节、互评环节、修改环节和总结环节五个阶段。

2. 在教学活动中贯穿着教师活动和学生活动两条活动主线。整个教学活动的构建体现学生是学习活动的主体，是教学活动执行者。教师是整个教学活动的设计者、教学过程的引领者和监控者。

3. 教师在五个教学环节中要完成的工作：有设计活动，划分小组；布置学习任务，解答疑问；监控引领作业评价和修改进程；对学习任务进行总结等。学生在五个环节中主要的教学活动有：收集资料，加入小组；参与讨论，独立写作；互评互改学习任务；修改、完善作业和对学习过程进行教学反思等。

4. 整个教学过程的实施，是在师生与生生之间互动的活动与交流中完成的。通过小组学习讨论、作业的互评互改、交流反思等环节来实施教学过程，从而达到提高学生的写作水平和学习能力的目的。

5. 教学的实现："创新"与"创意"是基于 Wiki 的开放英语写作教学模式的教学理念之一。基于 Wiki 的英语写作教学模式的具体实施是通过在"Wiki 在线写作课堂"来实现的。

（二）具体步骤

1. 确定写作主体，精心设计写作任务
教师通过精心制作文字、视频等学习资源，细致演示 Wiki 平台功能，能

够根据模块的写作任务，精心设计写作任务和活动，创设写作情境。尽力将写作内容的设计贴近实际生活并激发学生写作动机，为接下来的课堂教学做好准备。

2. 分组讨论，确定写作方向

各小组成员要针对作文题目交换思想，呈现自己的观点，对 Wiki 空间的设计和作文的结构布局、段落展开策略和阐述观点等进行讨论，筛选可取素材，在小组论坛中创建讨论词条。

3. 独立写作、互评互改

小组成员在进行独立写作过程中，组长要督促小组成员认真并按时完成写作任务，评改可采用组内互评和组间互评两种形式。要根据老师提供的评价策略和评分标准，认真进行评阅，及时指出或修正在 Wiki 空间设计、作文的词汇拼写、语法错误、语句连贯、文章布局和观点阐述等各方面的错误。学生还可以用过在线检索等形式，查阅修正错误的相关资料来作为修改作文的参考依据。这种互动式的评阅方式，极大地调动了学生的参与性和学习热情。

4. 及时修改作品，主动进行教学反思

评阅结束后，学生本人要根据评阅反馈情况及时修改评阅后的作业，对学习过程主动进行教学反思，还可以跟老师和同学继续探讨本次学习过程中存在的疑问。学生在课后要收集和整理本次写作课学到的好词、好句或好段等信息资源，在 Wiki 的讨论区与师生分享学习收获。教师可以把学生修改作业环节的表现作为学习行为考核的一部分，督促学生形成进行教学反思的学习习惯。

5. 教师总结，佳作上榜

教师要针对本次写作活动进行总结和点评，客观地评价学生在学习过程中的进步和不足之处。各小组要对选两个左右的最佳作业，在 Wiki 教学平台进行优秀作业展示，还可开展"最佳评语"的评学活动，推选出评语客观细致、内容丰富、对以后的学习具有激励性的评语，激发学生在学习上的竞争意识。

三、远程教学互动式笔译教学方式的构建及实施

（一）远程教学互动式笔译教学方式的构建

教学交互是学习过程的基本属性。建构主义认为，学习的过程不是对知识消极摄取的过程，而是学习者在一定的情境中，借助教师和同学的帮助，利用必要的学习资料，通过人际间的协作活动，依据已有的知识和经验主动建构的过程。该理论强调在"对话或协作中学习"，认为理解和学习应产生于师生之间、学生之间、学生与教学内容及媒体的交互作用中，在交互协作中激活旧图

式，建构更准确、全面的语言意义，完善、深化对主题的意义建构。

按照建构主义的观点，学习的发生实质是通过教师、学生、教学内容和教学环境的互动而形成的。行为主义学习理论同样也强调交互在教学中的重要的地位。比如它认为教学是围绕着呈现适当刺激和提供机会让学习者操练做出适当的反应，为了刺激与反应之间建立起联系，通常在教学中要安排线索（做出什么反应的最初提示）和强化（增强在呈现预期刺激时的正确反应）。无独有偶，认知学习理论也主张环境"线索"和教学成分不能单独解释学习中的所有方面，其所提倡的引导、鼓励等教学策略必然要通过师生的教学交互来完成。

归纳以上众多学习理论对学习发生的实质观点，可见交互贯穿了教学的全过程。基于此，建立翻译课程互动教学方式，符合人类对事物的认知，即"体验直觉—经验—习惯的认知过程"，能引导学生形成学习共同体，通过学生之间、师生之间的协作交流共同赋予学习以意义，调动学生学习兴趣，使学生自己体验到无意识的翻译与有意识的语言和文化分析，协作完成翻译知识的建构。这种教学模式一旦建立，至少将会产生以下效果：（1）学习者全程参与互动，真正成为信息加工的主体，是意义的主动建构者，而非外部的被动接受者和被灌输的对象；（2）教师在互动中是资源顾问，应该提供充分的资源，做好教学环境设计，为学生建构知识的意义提供各种信息条件。教师还应注重设计真实情境中学习，创设能表征知识的结果，不仅帮助学生了解翻译的理论知识和具体的翻译技巧，更重要的是培养学生的独立工作能力和翻译能力。

构建远程开放教学互动式笔译教学方式，首先对交互的本质含义及其研究要有清晰地认识。交互的英文表示是 Interaction，在《教育大词典》中译成"相互作用"，并将其定义为一因素个体水平之间反应量的差异随其他因素的不同水平而发生的现象。这一定义告诉我们交互的本质是交互主体与环境之间一种动态的函数关系。国内外学者对远程教学的教学交互也进行了比较多的研究，这里采用摩尔（Moore）对交互分类的观点。即远程教学中存在着三种类型的交互：第一种是学习者与学习内容的交互；第二种是学习者与教师的交互；第三种是学习者与学习者之间的交互。[①]

其次，构建远程开放教学互动式笔译教学方式要结合远程开放教学基于网络教学为主的特点。远程开放教学的翻译教学利用网络和多媒体技术优势，整合与设计数字化教学资源，以虚拟式交流为平台提供给翻译学习者开放的、富

---

① Moore，M. Graham. Three types of interaction ［J］. *The American Journal of Distance Education*，1989（2）.

有创造性的学习方式，使学生在"隐形"了的教师的引导下自主地内化翻译知识和技能。比如，我们可以借助网络资源，建立翻译资料库，使学生在课堂上就能接触到现实工作中各个领域最先进、最前沿的翻译材料，开阔视野，提高学生实战翻译能力，让学生真正感受到学有所用的价值。

(二) 远程教学互动式笔译教学方式的实施

构建翻译教学的模式需要在分析研究翻译能力的构成和培养的基础之上设计合理的教学结构、教学进程、教学方法、教学评估，因为"提高翻译能力并不是改进一时的翻译状况，而是需要对翻译教学进行整体规划，以利于不同成分能力的提高"①。

1. 确定教学目标

探讨远程教学中的教学方式应根据学习者的特点、水平和基础来进行，因此教师对于教学目标制订的依据是对学习者进行前期分析（包括学生的起点水平、学习风格、学习需求），因为教学活动是典型的人文社会活动，不能缺少对学习主体的了解和分析。"翻译教学的作用就在于激活翻译主体即学生的能力因素"②，离开了主体性，对翻译的任何认识都是空谈。因此，开课前的译前交互活动就显得尤其重要。开课前，教师可以通过在线学习平台的课程讨论区、微信群、QQ 群等更多了解学生对翻译课程的态度与学习期待。通过网上交互以及调查问卷的形式，我们发现远程教学学生英语基础差，因此，我们的翻译课还不能算是真正意义上的讲授、讨论翻译技巧和理论的课程，它不得不面对现实情况，同时担负起进一步提高、巩固学生语言能力，即教学翻译的任务。这门课程的特点就是：以翻译教学为主，但同时不能忽视教学翻译，因为翻译教学是教学翻译的继续，这也恰好符合我们对于学生双语语言能力的培养。

2. 确定教学内容

在了解和熟知教学的主体因素，确定了教学目标之后，教师可以有的放矢地进行了教学内容设置。教学内容主要开展四方面能力的培养：翻译专业知识（翻译理论及技巧模块）、双语语言能力（英汉语言对比模块）、双语文化能力（文化与翻译模块）、文本分析能力（不同文体的翻译实践模块）。此外，学生对翻译行为中的目的分析能力、评估能力、查询资料能力、自我认知与调控能力将始终贯穿于其他内容之中。总之，将理论、实践和自我认知、评估分主次

---

① 苗菊. 翻译能力研究——构建翻译教学模式的基础 [J]. 外语与外语教学，2007 (4).
② 葛校琴. 翻译教学输出理论意识 [J]. 上海科技翻译，2002 (1).

和轻重纳入教学内容之中，目的在于提高学生的翻译能力，实现翻译教学的培养目标。

第一部分教学内容是翻译理论及技巧模块。这部分的内容除了介绍一般的理论知识（如翻译的定义、翻译的过程、翻译的标准等）之外，要重点介绍奈达的形式对等（for mal equivalence）与功能对等（functional equivalence）、纽马克的语义翻译（semantic translation）与交际翻译（communicative translation）、社会符号学翻译法以及以语篇为单元的翻译技巧。很多学生认为翻译理论对翻译实践没有多大帮助，"教学所讲理论与实践内容毫无关联"①，因此对于此模块的学习要求教师在讲解作业、讨论问题的过程中贯穿翻译理论内容，"把学生的问题上升到理论高度来解释"②。

第二部分是英汉语言对比模块。杨晓荣认为，"翻译能力的基础和主体是语言运用能力或语言潜能"③，因此，翻译教学中更应关注语言训练，更何况远程开放学生的英语底子比较薄弱，在负责翻译教学的同时，更应关注教学翻译（通过翻译学习语言）。因此，这部分内容主要通过大量的单句、段落翻译让学生了解汉英语言在词汇、句子结构、语篇以及思维方式上的差异。通过这种对比，学生可以适当地了解母语和英语各自的特点以及两者的异同，可以有利于排除母语习惯的负迁移作用，也为后续的翻译教学提供语言水平基础。

第三部分是文化与翻译模块。在文化趋同的过程中，文化差异依然存在，不同的文化背景不可避免地会发生局部的交叉、冲突，从而给语言的翻译带来种种困难。因此，对于真正成功的翻译而言，熟悉两种文化甚至比掌握两种语言更为重要，因为词语只有在其作用的文化背景中才有意义。

第四部分是不同文体的翻译实践模块，具体包括文学翻译（占少数）、广告文体、新闻文体、旅游文体以及商贸函电五种文体。通过大量的翻译实践，提高学生对翻译客体的驾驭处理能力，比如辨明文本的文体、语域，并能从词汇、句法和语篇等语言的各个层次分析文本，最终达到培养学生的文本分析能力。我们对于本部分内容的选取将充分考虑目前翻译市场的需求以及学生的意见，可以选择与学生职业相关的体裁，激发学生学习翻译的内部动机，让学生成为真正意义上的译者。

此外，学生对翻译行为中的目的分析能力、评估能力、查询资料能力将始终贯穿于以上内容之中。我们将让学生对同一篇文章的不同译本进行对比分

① 刘和平．翻译教学的原则和方法［J］．中国翻译，2009（3）.
② 杨晓荣．汉英翻译基础教程［M］．北京：中国对外翻译出版公司，2008：25.
③ Stem, H. *Fundamental Concepts of Language Teaching*［M］. Oxford：Oxford University Press, 1983：178.

析，让学生对有问题的译文进行润色提高，对译界公认的好译文进行欣赏评价。同时，我们也鼓励学生对自己的译文进行反思，对其他同学的译文进行分析和评价。

3. 教学方法、手段

在确定了教学目标，以及教学内容的基础上，我们的教学方法将遵循"以学生为中心"原则、"以教学生如何学"为宗旨，利用多媒体手段，教学资源形成课内学习与课外训练互动；教学与环境交互；生生、师生之间情感交互以及评估互动的体系，营造互动的教学氛围，激发学生自主学习的动力，开拓教与学关系的新视野。

（1）译前互动活动，侧重培养目的分析能力、文本分析能力、查询资料能力

我们把全体学生分成几个小组，每个小组里有学生充当译者，有学生充当评论员。上课之前，教师在在线学习平台课程讨论区里以发帖的形式提供一个篇章作为翻译练习，要求一部分学生以跟帖的形式上传自己的译文，学生之间可以通过QQ、微信等通信手段互相讨论分析。

案例1：饭店坐落于福州商务金融中心——毗连福州国际会展中心，紧邻温泉公园及福州广场。环境宁静幽雅交通顺畅便捷。饭店拥有各类高级客房385间（套），各种先进的服务设施为每位宾客提供尽善尽美的服务。

在这部分学生动笔翻译前，教师要提醒学生考虑：①这段篇章属于什么文体？（培养文本分析能力）②翻译这段篇章的目的是什么？其客户（即预期的读者对象）（培养目的分析能力）是谁？③翻译过程中遇到问题，可以参考英语平行文本（培养查询资料的能力）。

由于远程开放学生课余时间比较少，工读矛盾严重，因此另外一部分学生将以评委的身份给其他同学的译文提出自己的看法，进行评价以及修改，这无疑都会有利于综合翻译能力的培养。在网络环境下，教师可以在笔译实践教学过程中充分利用网上空间呈现学生的译文，那么学生可以在学习平台上浏览他人的译文，并对之发表评论，而他的意见又很快成为他人评论的对象，得到反馈，从而营造出一个讨论翻译实践问题的环境。这较之传统课堂更有利于较内向的学生呈现自己的译文，也更有利于学生讨论的深入和延续。此外，要求学生每篇译文之后写下自己对翻译过程的反思，如用了哪些翻译技巧，遇到什么问题，是语言方面的，文化方面的，还是句子结构方面的等。同时，也要求自己在查阅了学生的译之后写下反思，如学生在译文的哪些方面显示了创造性，以及哪些地方有不足之处。这种做法可以让学生过一段时间通过重读自己的反思，看到自己的进步，有成就感，也更能增强自己的信心。同时，学生的反思以及自我反思给自己提供了一个积累经验的储藏方式，为今后的课堂讨论

提供了很好的素材。

（2）译中的异步交互性，侧重培养语言能力、翻译专业知识

经过译前的交互活动后，要求学生以小组的形式课堂汇报小组课上讨论的内容。每个小组都认为这是一段酒店介绍的篇章，目标读者应该是外国游客。趁此机会，教师可以向学生介绍翻译目的与翻译文本类型的关系，让学生意识到翻译是为客户服务，而不是简单的语言翻译练习。通过这种方式，无形地把翻译理论穿插到翻译实践当中学习，可以避免学生学习翻译理论时感到的枯燥感。

案例 2：饭店坐落于福州商务金融中心——毗连福州国际会展中心，紧邻福州广场。

Group 1：Hotel lies in FuZhou Business Financial Center, which is near FuZhou Global Exhibition Center and FuZhou Square.

Group 2：Hotel is seated in FuZhou Business Financial Center, near FuZhou International Exhibition Center and FuZhou Square.

Group 3：Situated in Business and Commercial Center of FuZhou, Hotel is near FuZhou International Conference and Exhibition Center and FuZhou Square.

分析：这句话里有一个专有名词——福州国际会展中心，三组学生译文各不相同，这说明学生没有意识到专有名词不能随意翻译，必须到网上查询相关资料，因此通过这个练习，可以培养学生查询资料的能力。

另外，学生都认为 Group 3 的译文比 Group 1 和 2 好，显然这组同学参考了英语平行文本。比如：（1）The Holiday Inn Athens-Attica Avenue Hotel is situate don the Attica Highway, near the Athens Airport and the Athens-Thessaloniki National Highway.（2）The Holiday Inn Oceanfront is ideally located on Coligny Beach-only steps away from unspoiled sand, an endless skyline and exciting recreation. 3）The Hilo Hawaiian Hotel, located on beautiful Hilo Bay, is only two miles from the airport and to the center of town.

案例 3：饭店拥有各类高级客房 385 间（套），各种先进的服务设施为每位宾客提供尽善尽美的服务。

Group 1：There are various kinds of 385 rooms in the hotel and advanced services and equipment can provide perfect service for each guest.

Group 2：The hotel has 383 rooms. Our modern service and facility will cater to each guest.

Group 3：The hotel houses 385 deluxe guest rooms and suites with a wide array of state-of-the-art equipment, hotel facilities and services, making accommodation as comfortable and convenient as possible, and catering to the individual needs of each guest.

分析：学生一致认为虽然 Group 1 和 2 的译文没有语法错误，意义上也是正确的，但却不及 Group 3 的译文。虽然 Group 3 的译文增加了原文没有的 "making accommodation as comfortable and convenient as possible"，但却符合酒店介绍文本的类型（属于广告文体的一种，目的在于劝说消费者消费，属于"呼唤型"文本）。另外，译文中 "houses" 的使用也更加地道、确切。

通过每次对翻译作业课前的讨论和练习，课内的汇报和争论，学生已经开始意识到，可以通过平行文本和查询网上资料的方法来规范自己的表达，使自己的表达更加准确和得体，最终提高自己的双语语言能力。然而，课堂时间毕竟有限，常常对某个问题的探讨尚未来得及展开时间却已不允许了。而学生所做的汇报往往还不够成熟，所以对于该话题的进一步探讨还需要通过网络进行课外交互活动。而学生知识的建构正是通过课内的生生交互、师生交互活动，课外网络上的生生交互、师生交互活动中构建的。这种知识建构更符合认知心理，更能激起学生的求知欲望，从而提高学生的翻译能力。

（3）译后的评估交互性，侧重培养评估能力

每个人的认知水平、风格和审美情趣等各方面都存在差异，同一篇文章会出现各种不同的译文。教师让学生以评审身份对这些译文互评，并提出修改意见，教师也参与讨论，但发表的仅仅是一家之言，因为译文没有最好，只有更好，教师给出的意见仅供参考，不能作为唯一的标准答案。学生承担评审与教师的角色互换，既能体会到教师批改作业的劳累，而不再像以前那样对教师的批改结果不屑一顾。此外，学生可以通过这个机会看到同一文章的不同译文，并通过品评他人的译文以及为了保证评价的准确性，对原文、译文以及翻译理论等都有了更深入的了解。总之，学生的角色换位带来的新鲜感和使命感都更能进一步的推动学生的整个学习过程。

一门课程的期末测试是衡量学生对教学内容的掌握情况和综合运用所学知识和技能的主要工具，但翻译课程主要考察的是学生翻译的实践能力，因此，要摈弃传统的以期末一次性考试（闭卷）来定夺的做法，取而代之以"形成性考核+期末卷面分"的计算模式。形成性考核细分为学生的"课堂参与、Presentation、平时的翻译练习以及反思以及作为评审的参与"等。此外，期末考试也改为一纸开卷的形式，因为翻译练习不像语法练习，没有绝对的"正确答案"，也并不需要学生背诵翻译理论和翻译技巧，而是考查学生如何运用翻译理论和翻译技巧来进行翻译实践的能力。形成性考核分占学期成绩的50%，期末卷面分占 50%。

第八章　高校英语信息化教学背景下英语教师专业发展

在高校英语的教学中，教师是十分重要的角色，本章首先分析了教师专业发展的相关基础性知识，接着进一步分析了教育信息化与教师专业发展，最后分析了信息化背景下英语教师专业发展的路径分析。

第一节　教师专业发展的基础知识

一、教师专业发展的含义和结构

（一）教师专业发展的含义

1. 教师专业发展

对"教师专业发展"的认识主要分三类：教师专业成长的过程；促进教师专业成长的过程——教师教育；促进教师专业成长的过程与教师自我专业成长的过程。教师专业发展不仅仅是指教师教学技能的不断进步和提高，还应是教师在知识、理念、能力、情意、信仰等多个层面的发展。教师专业发展需要教师自身的努力，同时也需要外部制度、环境等给予支持。

教师专业发展是指在外部条件包括教育制度、教育文化和社会环境等支持下，教师通过自身不断地学习和努力，提高教学认识，改进教学实践，促使其专业知能、专业情意、专业自我不断发展和完善的过程。教师专业发展主要强调教师自身的自主发展，强调教师在教师专业发展过程中的主体地位，强调外部条件对教师专业发展的支持和促进。

2. 教师专业发展与教师专业化的关系

"教师专业化"主要是从社会学的角度加以界定，强调的是教师群体的、教师职业的专业性提升，或者说是教师职业的专业化，有专门的教师培养制度和管理制度。"教师专业发展"更多的是从教育学的角度加以界定，主要是强调教师个体的、内在的专业化提高，教师通过专业培养和学习获得专业知识，提高专业能力，提升专业修养，成为一名具有较高专业素质的教育教学工作者。

（1）教师专业发展与教师专业化的区别

第一，社会性与教育性的区别。教师专业化强调教师职业的社会意义即教师职业的社会地位和职业待遇；教师专业发展强调的是教师职业的教育价值，即教师职业是不可或缺的。

第二，群体和个体的区别。教师专业化旨在提高教师的职业地位和待遇，是一种群体的发展观念；教师专业发展是注重教师个体的专业化，重视教师个体的、内在的如教育教学水平等个性化教育品质的提高。

第三，外在和内在的区别。教师的社会地位和教师待遇主要依托外在的支持和承认，需要社会外界给予足够的关注和支持；教师专业发展强调的是教师主体自身的发展、教育教学水平的提高等内在品质的提升。

第四，被动和主动的区别。教师专业化是教师地位和各种外在的职业荣誉和待遇的提升等，专业的认可和社会地位的提升在很大程度上都不是由教师自身能够决定的，属于被动专业化；教师专业发展强调教师教学水平的提高，它是一种内在的专业素质的提高和专业实践的改进，是教师主动实现专业发展的过程。

（2）教师专业发展与教师专业化的联系

教师专业化与教师专业发展之间并没有一条明显的界限，二者之间是相互联系、相辅相成的关系。教师专业化是教师专业发展的基础，教师专业化为教师专业发展提供了更广阔的发展空间，为教师专业发展提供了前提和条件。教师专业发展是教师专业化的必然结果，教师专业发展程度越高，教师专业化越容易被人们认可与肯定。

（二）教师专业发展的结构

了解教师专业发展结构，是研究教师专业发展的基础。目前，对教师专业发展结构的认识很多，主要集中在教师的专业知能、专业情意、专业自我三个方面。

1. 专业知能

教师的专业知识和专业能力是教师专业发展的基石。随着知识经济的到来，知识量迅猛增长，人们对教师知识的要求也是越来越高。教师不仅要具备自身所教学科的知识，还要具备与自身所教学科相关的知识以及广博的人文基础知识。除此之外，教师还应具备教育哲学、教育心理学及个人实践知识等。

随着社会的变化和发展，社会对教师专业能力的要求在不断提高。结合新时代教师角色的特点，在教师的专业能力结构中应强化以下几点。

（1）交往合作能力

传统教师工作经常处于"孤独"状态，它的一个重要特点就是"专业个人主义"，教师依靠自身能力和经验去解决课堂教学中的所有问题，自身课堂教学活动与其他教师的课堂活动互不相干，其课堂生活往往是"自给自足"的。教学改革强调教师与教师之间的合作，除此之外，教师还要与学校校长、课程专家、学生、学生家长、社区人员等开展合作，可以说没有合作就没有进步与发展。

（2）课程能力

课程能力包括课程开发与设计的能力、课程的组织与管理能力、课程评价能力。教师参与课程改革是教师主体真正参与课程的体现。我国教师长期处于课程开发的边缘，其课程意识和能力尚未完全地发挥与显现出来，这需要教师长期的学习、探索、研究和提升。

（3）管理能力

长期以来，教师作为教育目标的代言人，承担教育教学的重任。鉴于教师在知识方面的权威地位，学生对于教师言听计从。对学生进行"个性化""精细化""人本化"管理成了教师工作的弱项，因此，教师不仅要具备管理学生的能力，同时还应具备参与学校管理的意识和能力。

（4）创新能力

教师素养的知能可以分为三个层次：知识层次——不教错误知识，正确、准确地教学，这是学科专业化的最低层次；智慧层次——教师提高其教学的效率，使学生做两三道题就能达到做五道题的学习效果，引导学生学会智慧学习；创造性层次——教师首先要具有创造力，用自己的创造性来影响身边的学生，保护和发展学生的创造力。

2. 专业情意

在布卢姆的教育目标分类中，将情感领域与认知领域、动作技能领域提到同等重要的地位。教师的专业情意包括教师的专业理想、专业伦理、专业性向三个方面。

（1）专业理想

教师的专业理想包括教师的教育观、课程观、教师观和学生观等宏观层面，也包括有关学习的信念、教学的信念等微观层面。拥有专业理想，教师就会为了专业目标不断奋斗，会对教学工作产生强烈的投入感和责任感，愿意终生献身于教育事业。

（2）专业伦理

教师的专业伦理是指教师为更好地履行教师职业，满足社会对教育的需求，维护其专业地位和声誉而制定的自我约束的行为规范、伦理标准。教师的专业伦理是教师在教育教学过程中必须遵循的行为规则，包括教师的教育责任心、敬业精神和服务精神，公平公正地对待每一位学生，审慎行使自己的权利等。

（3）专业性向

专业性向是教师在从事教育教学工作中所散发出来的人格特征或个性倾向。教学的风格和特色与教师的个性发展的成熟度有着直接的关系。众所周知，教学的个性化是我国教学改革的一大趋势。创新教学的实施效果如何，不仅取决于教师对学生施加影响的结果，而且还决定于这个结果所显示出来的某些独特的风格。

3. 专业自我

高"自我"的教师倾向于以积极的方式看待自己，能够准确地领悟自己所处的世界，对他人有深切的认同感，具有自我满足感、自我信任感、自我价值感。专业自我包括自我意象、自我尊重、工作动机、工作满意感、任务知觉、未来前景等。

二、教师专业发展的特征和主要方法

（一）教师专业发展的特征

纵观教师的整个发展生涯可以发现两个特点：第一，作为一个专门的职业群体，教师在生涯发展中有基本的、大致的共同性特点；第二，作为一个独特的个体，教师个人在生涯发展中又有个性化的趋向化的个体性特点。

1. 教师发展的阶段特征

教师在生涯发展中表现出一般的、大致的阶段性特点，呈阶梯式前行，从总体上看，它是在各种因素的作用下逐步变化并持续一生的过程。一般教师发展要经历六个重要阶段：职前教育期—入门见习期—热情建构期—专业挫折期—稳定更新期—离岗消退期。可以说，教师的专业发展是终其一生的、不断变化的连续过程。因此，教师要清醒地认识到每个阶段需解决的问题，以终身学习的理念来指导自己的发展规划，不断地学习研究，促进自我发展。

2. 教师专业发展的动态特征

由于教师所从事的培养人的活动具有其他职业难以比拟的复杂性，因此，教师的专业发展也呈现出不确定、非线性和不均衡等特征。许多研究都是从多个角度来勾勒教师发展并非"一帆风顺"，教师专业发展充满稳定与变化、平静与起伏的种种动态。在教师发展的特定时期。会陷入低潮和停顿，这是教师专业发展的"高原现象"。教师专业发展过程中的曲折与停滞启发教师应以一种科学的、冷静的态度对待发展过程中的矛盾，坚持专业发展的自我更新取向，运用有效的方式突破"瓶颈"、走出"高原"。

3. 教师专业发展的个体差异特征

从教师群体发展的角度分析，无论处于什么阶段的"教师队伍"都不可能"齐步走"，其发展路径上的分类与分化是不可避免的，教师专业发展还会表现明显的"个性"。对每一位教师来说，深刻地认识自我和剖析自我，找准自己发展的切入点和生长点，在理论与实践的结合层面做工作，扬长补短，形成自己教学的特色，才是正确的选择。总之，用"终身学习"和"人力资源开发"的理念来观察教师的专业发展，必然会注意到这种发展的复杂状况及其发展的巨大潜在空间。由于教师的发展始终存在着"自我"与社会环境之间"多维"的相互作用，这也就使教师专业发展的历程充满着前进、停滞、起伏甚至断裂等等运行的"轨迹"。同时，这种发展的图景也会呈现分化、错落与差别等多样化特征。教师只有在充分把握这些发展的基础上，才能获得自主发展。

(二) 教师专业发展的主要方法

基础教育课程改革，将教师的专业发展问题提至了前所未有的高度。教师的培训和学习，显得比以往任何时候都重要。促进教师专业发展的途径和方法有很多种，如终身学习、行动研究等。

1. 做到终身学习

知识迅猛更新客观上要求教师学会学习，养成学习的习惯，教师必须不断地更新自己的知识结构，使自己课堂教学常教常新；要树立较强的教育科研意识，认真学习和掌握教育研究的基本方法和相关理论知识，自觉地在研究中运用；还要在教书育人的实践中学习、学习、再学习。教师要做教学实践中的"有心人"，在实践中不断地探究和探索，锲而不舍，勇于革故鼎新。

（1）个体学习

首先，教师主动学习间接经验，其途径是在书本中学习，向周围其他同事学习，学习他们教书育人的经验和方法，同时利用计算机网络学习，不断提高自己的信息素养，熟练地运用计算机获取、传递和处理信息。其次，教师要积极主动地积累实践经验，在实践中学习。

（2）互动学习

课堂教学是对话、交流与知识建构的过程。师生、生生、学生与媒体间可以尝试专题式学习、合作学习、专题学习、网络探索学习、研究性学习等方式，使我们的学习能够激发学生的兴趣，使之愿学、乐学、创造性地学。

（3）团队学习

合作是校本研究的途径与方式，我们的社会正从"学历化社会"走向"学习化社会"，若研究只停留在教师个体，虽然教学行为也会产生一时的变化，但这种变化难以持久，也难以从个别教师的行为转化为群体教师的行为。唯有教师集体参与的研究，才能形成一种研究的氛围、一种研究的文化，这样的研究才能真正地提升学校的教育能力。

2. 采取行动研究

行动研究是指教师在实际教育中，基于学校，源于教师教学行为，研究的起点和对象是教学实际中出现的问题，制订计划、系统地收集资料、分析问题、提出改进方案、付诸实施、检验和反省成果，把学习与培训、学习与行动结合起来。研究的成果直接用于学校教学实践的改进和教师教学实践能力的提高，并以研究成果为依据，进行教育改革，提升教学质量。因此，近年来，行动研究已经成为教师专业成长、课程改革的重要手段之一。其过程主要包括如下几个方面。

（1）对教育教学过程进行回顾，明确问题

教师借助内省和对话审视自己的行为，对自己熟悉的观念提出质疑，也可以对新的教学理念或教学模式进行质疑，在新的理论、新的模式与自己已有经验的比较中产生各种想法，有助于教师形成问题意识。

（2）分析问题、寻找问题的症结

教师通过对问题的分析和界定，把那些只能用模糊语言进行描述的问题转化为能用比较准确的概念说明其实质的问题，使对教学现状的反思提升到对教学本质的把握，从而找准问题的症结。

（3）假设一种或多种解决问题的办法或途径

教师根据自己对教学对象的了解，对自己的经验以及所能收集到的资料的分析把握，形成解决办法的不同设想，用来解释情境，从而形成一个总体的行动计划。

（4）在实践中尝试解决问题

由于行动研究的根本目的是解决实践中的问题、改善实践的质量，解决问题的各种假设需要在实践中寻找证据，进行证实和证伪。因此，在这一阶段既要按总体计划实施行动又要对行动情况进行观察记录，收集有关资料，不断地分析和研究，充分考虑现实因素的变化，根据需要做出适当的调整，保证计划顺利实施。

（5）反思总结

对整个过程进行反思，进一步明确问题是否解决，解决到了哪一步，还有什么问题需要解决，并在此基础上发现新的问题或提出新的假设。

教师通过行动研究，可以转变传统的教育思想，树立现代的教育发展观、人才观、教育教学观，构建新的教育理念，这是教育改革发展的先导和动力。此外，还可以构建高效的课堂创新模式，推进素质教育的进一步发展。

3. 注重教学反思

教学反思指教师借助行动研究，不断探讨与解决教学目的、教学工具和自身方面的问题，不断提升教学实践的合理性，使自己成为专家型教师。在教学实践当中，根据反思的来源，反思策略分为两大类：内省反思法和交流反思法。

（1）内省反思法

内省反思法是指教师主动地对自己的教学实践进行反思的方法。根据反思对象及反思、载体的不同，内省反思法又可分为以下几种具体的方法。

第一，反思总结法。反思总结法主要是指通过记忆，对自己的教学实践予以总结、反思，从而进一步使教学实践中的"灵感"内化，使教学实践中出现的问题得到考虑的方法。

第二，录像反思法。录像反思法是通过录像再现自己的教学实践，教师以旁观者的身份反思自己的教学过程的方法。这种方法最大的优点就是能客观地对自己的教学过程进行评价，强化自己已有的经验，改正和弥补自己的不足。

第三，档案袋反思法。档案袋反思法是以专题的形式为线索对教学实践进行反思，包括课堂提高的形式是否多样，课堂提问的内容是否是课堂的重难点，对学生的提问形式和难度是否在该学生的实际能力范围内等。

（2）交流反思法

交流反思法可以就某一问题与其他教师进行交流，也可以是在听完某教师的一堂课以后，针对这堂课而进行交流。该方法可以反观自己的意识与行为，加深对自己的了解，并了解其他与自己不同的观念，进而取他人之长、补自己之短。

4. 教师运用同伴互助

新的课程理念的逐渐渗透、不同学科的相互融合以及与现代信息技术的整合等，这些都要求教师间彼此合作、共同提高。

（1）同伴互助方式一——磨课

"磨课"是对课堂教学研究的一种形象化说法，往往由集体开展的"备课—上课、听课—评课"三个环节组成。"磨课"的过程就是一个完整的教学管理过程，从目标的制订到具体实施，再到最后的总结评价，正好构成了一个完整的流程。在"磨课"的每一个环节中，都是集体参与讨论、策划、修订和完善，它反映了集体的意志和智慧，充满了民主和谐的氛围，自动构成了一个能动的"磁场"，带动每一个成员自主地参与并自如地运行。

（2）同伴互助方式二——沙龙

"沙龙"原意是指文学、艺术等方面的高雅人士的小型聚会，这里指教育工作者或教育研究者之间主题性的小型教育研讨活动。这样的研讨活动有以下几个特点：一是有一个合适的主题；二是有一定数量的教师或专家；三是有一个主持人能起到穿针引线的作用；四是围绕主题开展深刻的对话，参与者之间没有绝对的权威，大家各抒己见，时常有思想交流、智慧碰撞、观点交锋；五是最终形成对讨论主题的阶段性的看法或认同，这是众人观点和智慧的有机整合。

（3）同伴互助方式三——展示

学校定期由教研组或课题组以研究小组为单位，向其他教研组或教师群体展示各自研究课题的阶段性的实践、思考和成果。教学研究的展示虽然是一时的、短期的，但展示前的准备工作却是大量的。以教研组为例，教研组长要对本组成员进行展示前的分工落实，明确各自展示的任务和内容，而且要形成一个整体，形成一个展示的序列。如围绕研究的课题，安排好活动策划者、课堂执教者、活动主持者、活动发言者、问题讨论者、成果收集者等。在展示活动中，展示小组的所有成员各尽所能、各显神通，专业能力会在展示的全过程中得到较好的培养和锻炼。

此外，同伴互助方式可不拘一格，如教师的网上备课平台、互动平台，新老教师结对、教研组活动、备课组活动、问题交流中心等，并且通过同伴互助，让教师在开放互动的环境里学习。

5. 加强教师专业引领

教师为了提高自己的专业素养，往往会向周围的同事、学生、家长学习，向书本、实践学习。但是，一般情况下，校内同层级教师的横向支援，明显缺少了纵向的引领，尤其是在当今我国课程发展大变动的时期，先进的理念若没有以课程内容为载体的具体指引与对话、没有研究者与骨干教师等高层次人员的协助与带领，同事之间的横向互助常常效果不显著。因此，教师还必须向专业人士学习，不断接受先进理论、技术、方法和经验的专业引领。提倡校本教研与高校牵手，各级学校教研部门、教师进修院校和教育科研机构专业研究人员与学校教师共同研究，建立起平等交流、共同成长、互补互益的伙伴关系。

（1）专业引领的基本要求

对教师的专业引领要目标明确、内容正确、方法适当。教师专业发展的方向和水平既有共性，又有个性。专业发展的总体目标是指教师不断地接受新知识、增强专业能力，使个体在专业素质方面不断成长。但不同发展阶段、不同水平层次、不同专业学科教师的专业发展方向和水平又是有差别的。因此，在引领教师专业发展的过程中，目标定位要切合各类教师的实际情况，引领内容要有一定的针对性，要有利于提高教师的实际工作能力和水平，引导方法要灵活、多样、有效。

要充分发挥引领人员和教师双方的能动性和积极性。引领人员既可以是教育科研的专家，也可以是教研部门的教研人员，还可以是既有一定的教育教学理论，又有丰富实践经验的教育教学第一线的骨干教师。科研专家对教师的引领主要是教育教学科学理论的引领，教研人员对教师的引领主要是把教育教学理论与教育教学实践结合在一起的引领，第一线骨干教师对教师的引领主要是具体实践操作的引领。在专业引领过程中，作为接受引领的教师，要有积极上进的精神，要确立"我要学习""我要发展"的思想，在接受引领的过程中要充分发挥自己的主观能动性，要向引领人员虚心学习、认真求教，要深入钻研、努力提高。只有这样，才能促使自己的水平得到提高，促进自己的专业获得更好更快的发展

（2）专业引领的操作方法

第一，阐释教育教学理念。教师具有什么样的教育教学理念，决定其在教育教学中产生相应的行为方式。在教师的专业发展过程中，让教师掌握并形成新的教育教学理念是教师获得专业发展的首要任务。在当前新课程改革背景下，就教学思想理念的引领来说，主要包括：教材内容的理解分析、课程教材教法的分析辅导、课程标准与学科课堂教学问题的评析等。

第二，共拟教育教学方案。在教师掌握了教育教学思想、形成了新的教育教学理念的基础上，引领人员要与教师就某种教育教学内容或现象共同探讨，并共同拟定出教育教学方案。在这过程中，引领人员既要发挥引领作用，更要指导教师在科学的教育教学理论的指导下，逐步形成具有自身特点和风格的教

育教学设计，并使教师学会独立拟定教育教学方案。

第三，指导教育教学实践尝试。在教育教学方案拟定好了之后，引领人员要与教师一起，将共同拟定的教育教学方案直接用于教育教学实践。以教学为例，引领人员要引领教师将拟定好的教学方案直接用于课堂教学之中，要让教师在教学实践中实施教学方案，验证教学方案的可行性和有效性。在教师使用共同拟定的教学方案进行教学实践的过程中，引领人员要深入课堂，关注、考察和记录执教教师的教学行为，并将教师的课堂教学行为与拟定的教学方案进行比较，寻找出与教学科学理论的差距，以备在教师教学尝试之后与教师一起讨论进一步修订方案，改进教学方法和教学行为。

第四，引导反思教育教学行为。就教学来说，在教师拟定的教学方案进行教学实践尝试之后，引领人员要安排和组织教师对教学尝试情况进行反思和评议。

6. 利用教师成长记录袋

成长记录袋，有文件夹、公事包或代表作选辑等多重含义，国内也有人将其译为成长记录、档案袋、卷宗夹或学习档案录。"教师成长记录袋"就是根据教育教学目标，有意识地将教师的相关作品及其他有关资料收集起来，通过合理的分析与解释，反映教师在教学、学习与发展过程中的优势与不足，反映教师在达到目标过程中付出的努力与进步，并通过教师的自我反思激励教师取得更高的成就。

（1）"教师成长记录袋"的实施原则

第一，多元性原则。"教师成长记录袋"的内容设置要体现角度多元的特点，重点反映教师在师德修养、师生关系、业务学习、课堂教学、课程开发、教学资源整合、团队合作、校本教研、学生个案研究、考试评价等方面所发生的变化、取得的成绩。

第二，主体性原则。"教师成长记录袋"记录栏目的设计体现规范性和灵活性相结合的特点，发挥教师记录自己成长道路的积极性，更好地体现教师成长过程的个体差异性、成长方式的丰富性。

第三，互动性原则。"教师成长记录袋"是教师自我评价与学校对教师实施有目的、有计划培养的重要依据。学校要重视"教师成长记录袋"的运用和分析，关注教师自我评价与学校评价之间的互动反馈，改进学校对教师的评价体系，提高教师自我认知、自我发展的能力。

第四，发展性原则。"教师成长记录袋"所隐含的评价标准与内容应体现以人为本的思想，促进人的全面、有个性的发展，激发教师的内在情感、意志、态度，并随着教育价值观、社会人才观的不断发展而逐步完善。

（2）"教师成长记录袋"的主要内容

教师成长档案袋的主要内容包含：第一，个人简介，包括姓名、性别、学历、职称、所教科目、个人兴趣爱好等。第二，理论学习，包括听讲座记录、读书文摘、制作教育名言等。第三，听课记录，指校内外科研观摩课。第四，科研公开课专题，还有教案、专家和同行评课、反思等。第五，研究课题，包括课题来源、学校课题、学科组子课题、个人研究方向等。第六，文字成果，包括论文、教育叙事文章、课堂实录、调查报告、调查问卷、指导学生发表文章等。第七，获奖记录，包括自己的、集体的、指导学生的获奖。第八，管理栏，班主任有班级管理栏、科组长有科组管理栏。

总之，教师专业成长记录袋要体现多主体性。主张使更多的人参与评价，加强自评、互评，使评价成为教师、管理者、学生、家长共同积极参与的活动。

第二节　教育信息化与教师专业发展

一、教育信息化对教师专业发展的作用

教育信息化要求教师在教育教学能力方面不断地进行提高，信息技术在促进教师专业知识、专业技能、专业发展研究等方面具有重要作用。

首先，教师要掌握基本知识与技能。基本的知识包括：了解教育技术的基本概念；理解教育技术的主要理论基础；掌握教育理论的基本内容；了解基本的教育技术研究方法。基本的技能包括：掌握 Windows 的基本操作方法，能够使用 Word 文字处理软件对文档进行编辑处理；掌握信息检索、加工与利用的方法，如利用 Google 等网站进行搜索下载；掌握教学媒体选择与开发的方法；掌握教学系统设计的一般方法，如制作电子教案、采用 PowerPoint 等制作教学课件。

其次，教师要具备一定的教学应用与创新的能力。信息技术可以帮助教师通过各种形式的反思和交流进行知识更新和知识结构优化。教师能够利用互联网查找资料，如电子教案、学术论文；教师能够利用互联网发表教学论文，如可以申请自己的 E-mail 进行论文投稿；教师能够利用互联网与学生进行交流与联系；教师能申请教育博客进行思想交流；教师能够利用信息技术进行教育

教学管理、学生管理，能够利用加密技术对学生的成绩、评价、考核进行档案管理。

对于给定的学科内容，学生不仅可以通过教师，还可以通过互联网、通过光盘来学习，也可以通过小组讨论、调查访问等途径来学习。也就是说，信息技术的广泛应用，使学生可以自主地通过各种途径，以各种方式进行学习。在这种情况下，教师不再只是讲授，而是对学生的各种学习活动进行指导、组织和协调。教师从知识的传递者转变为学生学习过程中的指导者、组织者、评价者和协作者，资源的设计者和开发者，环境的管理者和教学的研究者。

为了对学习活动进行有效的指导和计划、组织和协调，教师必须把握对应于各种学习课题的学习途径和学习资源。为此，教师应广泛地收集各种分散的学习资源和学习信息，注意加强不同学校、不同教育部门的联系与交流，并逐渐形成一种支援学生学习的网络系统。另外，学生在利用多种途径进行自主学习的过程中，信息能力是十分重要的，因此，教师还应注重学生信息能力的培养。

再次，信息技术促进教师专业技能的提高。信息技术整合应用于学科教学，形成信息化教学能力，充分利用现代信息技术和信息资源，科学安排教学过程的各个环节和要素，为学习者提供良好的信息化学习条件，实现教学过程的优化，达到提高教学效果的目的。

最后，信息技术促进教师专业态度的养成和升华。信息技术应用得当能够显著提高教师工作、学习和研究的效率，大大减少教师的劳动量，减轻日常工作负担，提升教师劳动的创造性。在轻松、快乐、有成就感的氛围中，教师才会更加热爱自己的教师职业，进一步升华为终身追求的事业，努力达到较高的专业境界。

面临 21 世纪信息化的挑战，加强学校的信息技术教育与教师专业化发展已成为未来我国教育改革的热点，现代教育技术在学校信息技术教育与教师发展的开展过程中有其独特的地位和作用，教育技术工作者必须面对信息技术教育带来的机遇和挑战，真正转变教育理念，加强自身理论与实践的研究和发展，借助学校信息技术教育的东风，加快发展和完善现代教育技术理论体系和发展壮大现代教育技术事业，切实做到将教育信息技术与教师专业发展紧密结合，为今后持续有效地提高教育教学质量，深化教学改革，全面推进学校的发展寻找出一条有效的途径。

二、教育信息化背景下教师应具备的信息化教学素养

在现代教育技术的发展和应用过程中，教师的信息化素养已经成为影响教

育信息化发展的重要因素，同时，它也直接影响着我国教育的整体改革和教育现代化的发展进程。因此，培养和提高教师的信息化教学能力在现代教学环境下已经变得越来越紧迫和重要。加强与培养教师的信息化教学素养和教育技术应用技能，必须加强对在职教师或未来教师的现代教育技术培训：一方面，可以通过各种方式对在职教师进行教育培训；另一方面，应重视在各级师范院校中向师范生开设面向信息时代的现代教育技术公共课程，注重全面培养和切实提高未来教师的信息化素养和教学技术应用能力，使师范生懂得如何运用现代教育技术去从事未来的教育和教学活动，有效地提高素质教育的质量和效益。

（一）适应信息化教学环境

现代教学环境已经不再仅仅依靠"一块黑板、几支粉笔"来开展教学活动。视听媒体和多媒体计算机的教学应用，学校校园网的建设和发展不仅极大地改变了传统的学校教学环境，而且也对以课堂语言讲授为主的传统教学模式产生了重要的影响和冲击。信息技术在教育领域的普及和应用，使得现代教学环境正朝着媒体化、网络化、数字化方向发展。媒体化教学环境、网络化学习环境和数字化资源环境等现代教学环境的构建，对教师提出了新的素质要求。作为现代教学的指导者和促进者，教师只有充分掌握和熟练运用各种现代教育技术，才能适应现代教学环境信息化发展的要求。

1. 媒体化教学环境

各种媒体信息技术的教育应用，使现代教学环境呈现出媒体化的特点，如视听媒体综合教室、数码投影演示教学系统、多功能语言实验室、虚拟技术模拟训练等教学场所，媒体技术已经成为开展教学活动的基本手段。

2. 网络化学习环境

学校的网络教学环境主要有广播网、电视网和计算机网等，已经广泛应用于教学活动的教学网络系统主要是广播和电视，目前许多学校正在建设或已经建成了多媒体网络电子教室和校园计算机教学网络。随着我国教育信息化建设的蓬勃发展，网络化教学环境将会覆盖全国各地的每一所学校、每一间教室。

3. 数字化资源环境

现代化信息技术的蓬勃发展和普及应用，使得各种以磁、光介质为载体的数字化教学资源建设迅猛发展，知识的存储载体和传播方式随着信息化进程发生了根本性的变化。学校和教育部相继建立起了多媒体教学信息资源中心、数字化图书馆和电子阅览室，开发建设了大量的数字化网络教材和课程等。

（二）熟悉信息化教学观念

现代教育技术的应用不仅改变了传统的教学手段和教学方式，更重要的是它将导致传统教学观念的变革，从而构建起全新的现代教学观念体系，如学习环境观念、教学设计观念、学生主体观念、素质教育观念等。

1. 学习环境观念

在教育信息化发展过程中，教学环境越来越强调学生的自主性、创造性、参与性和协作性，其重心正在实现由以教师为主转变成以学生为主。教学过程既是一个信息与知识双向传递与交流的过程，又是一个开放性的动态信息系统。建构主义学习理论特别重视学习环境的设计。学习环境是从学习者的角度相对于教学环境提出的概念，它主要强调通过各种学习资源和教学策略支持学习者的学习活动，因此，"学习环境"是以"学"为中心的教学系统存在的基础。

现代教学理论认为，知识不是通过教师传授得到的，而是学习者在一定的情境即社会文化背景下，借助其他人（教师和学习伙伴）的帮助，利用必要的学习资料，通过意义建构的方式获得的。教学就是帮助学生对当前学习内容所反映事物的性质、规律，以及该事物与其他事物之间的内在联系达到较深刻的理解，从而实现个体的意义建构。因此，建构主义强调以学生为中心的学习环境设计，并注重学习者个体或协作的知识建构与问题解决。

2. 教学设计观念

教学设计是教育技术的一项基本技能，是运用系统的方法确定教学目标、组织教学资源、选择教学策略、制订教学方案，并对教学效果做出评价的过程。其目的是为了保证良好的学习条件，以实现教学过程的最优化。教学目标、教学资源、教学策略和教学评价是教学设计的四个基本要素。任何良好的教学都需要设计，任何层次的教学设计都必须解决好三个方面的问题：

（1）让学生学习什么，即解决教学目标的问题；（2）为达到教学目标，需要使用什么教学资源和教学策略，即解决资源和策略的问题；（3）如何评价学习过程和学习结果，即解决学习效果评价的问题。

3. 学生主体观念

教学过程中教师和学生的关系问题，一直是教育学家争论的课题。由于传统的教学方法以教师讲授为核心，教学过程以教师和文字教材为中心，因此，学生的主体地位并没有得到真正体现。现代教育技术的运用尤其是教育信息化的发展，改变了传统的教学方法和教学组织形式，使得以讲授为主的传统班级教学发展为班级教学、小组教学、个别化教学和网络虚拟教学并举的局面，并通过网络技术将学校、家庭和社会有机连接起来，为真正实现"教为主导、学为主体"的教学过程创造了客观条件。

信息化教学过程的特点决定了教师和学生的行为角色必须发生转变，即由传统教学过程中教师单纯地以传授知识为主转变成以设计教学和指导教学为主；从家长式的灌输者、训导者转变成学生学习的启发者和引导者。而学生也要从传统教学中单纯地、被动地接受知识转变成主动地、自觉地学习，充分发挥学习主体的作用。教师的角色主要表现为教学活动的设计者、学生学习的引导者、人格品质的示范者；教师是学生的师长和引路人，同时又是学生学习的朋友和伙伴。

4. 素质教育观念

教育的目的是为了促进人的发展。人的发展不仅单指智力技能的提高，它应该还包括德、智、体、美、技等学生身心发展的全部内容。面对未来社会的发展，未来的教育必须围绕四种基本的学习能力来重新设计和组织，这四种学习能力即学会认知、学会做事、学会合作和学会生存。这四种学习能力被称为教育的四大支柱。

教育的四大支柱和我国大力提倡的素质教育目标是一致的。现代教育技术为推动素质教育的开展，培养人的创新能力与合作精神等提供了强有力的技术支持。如基于各种媒体技术的个性化自主学习、协同化合作学习、探究性发现学习、情境化建构学习等，这不仅有利于培养学生的认知能力和操作技能，还有利于培养个体在社会生活中的参与意识和合作精神，增强学生处理人际关系、管理和解决问题的能力，有利于养成学生较强的开拓意识和创新精神以及其他综合能力，从而使得个人素质获得全面发展。

（三）掌握信息化教学技术

当代社会的信息化步伐越来越快，信息技术应用已经渗透人类社会生活的方方面面。在信息时代，利用计算机和网络技术进行信息的收集、整理、加工、应用和传播已经成为当代社会的重要支柱，同时，它也必将是未来教学的一个重要途径和基本方法。

互联网作为信息时代的强力大众传媒，其教育应用有着非常广阔的前景。互联网不仅可以支持基于单机的个别化学习，还可以为开展基于计算机网络的协同式合作学习创设良好的环境。在现代学习理论中，学生对知识的建构过程不仅依赖于学生原有的知识水平和学习经验，还在一定程度上取决于学习伙伴之间对问题的共同讨论与理解。通过互联网，学生与学生、学生与教师之间均可以开展广泛的相互讨论，针对某一学习主题或某项研究项目开展协同式合作探讨和研究。计算机支持的协同式学习包括网络讨论式、合作建构式、观察调研式、帮助指导式等类型。目前，许多网络认知工具都能支持学生之间的合作学习与研究。随着计算机网络的不断发展，基于网络技术的协同式合作学习模式越来越引起人们的高度重视。

在信息化教学环境中，教师必须掌握一些基本的信息化教学技术，这些技术包括：（1）熟练运用各种教学媒体和信息的收集、加工与传播技术；（2）了解并熟悉信息化教学环境和资源的类型与特点；（3）熟悉信息化教学过程的特点、策略和管理方法；（4）熟悉信息化教学的常见模式及其教学设计方法；（5）熟悉信息化教学评价的基本理念、设计方法和教学应用；（6）熟悉信息技术与专业课程整合的原则与方法，并能将其有效地应用于学科课程教学之中。

第三节　信息化背景下英语教师专业发展的路径分析

把现代教育信息技术与高校英语教学进行整合已成为高校英语深化改革的热点问题，也是每位高校英语教师无法回避的现实问题。高校英语教师不应回避这一问题，而是要把现代教育信息技术素养纳入自己的专业发展体系之中，并能科学运用这些手段为自己的教学服务。

一、教师树立科学的高校英语教学与教育信息技术相整合的理念

我们既要反对部分教师对现代教育信息技术的作用估计不足，甚至彻底否定的心理，也要反对"技术决定论"和"技术至上"的消极影响，避免走入"技术乌托邦"的误区，技术只是知识和智慧的传播者，它无论如何不能成为知识和智慧制造者。我们要坚持按照教育系统论和现代交往论的原则，注重发挥师生互动和师生双主体原则，既要摒弃传统教学模式中的"一味强调教师中心地位"做法，也要克服多媒体教学中"片面重视学生中心地位"的做法，在运用现代教育信息技术的同时，也要保留一些行之有效的传统教学方法，特别是要做好传统教学方法与现代教学手段的有机结合。现代教育信息技术可以辅助高校英语教师实施有效教学，但不能完全替代教师的主导作用，也无法完全代替学生的自主学习意识。要注意现代教育技术与高校英语教材及教学模式的整合，要根据教材内容和学生的英语水平及个性差异实际，精心选择网络方

面的高校英语知识，适度拓宽网络空间，而不能太多地给学生灌输信息，避免造成学生的视觉疲劳和学习负荷。

二、确立高校英语教师现代教育信息技术的能力标准

无论是高校管理者，还是高校英语教师，他们都已经越来越重视现代教育信息技术在高校英语教学中的作用。目前，全国还没有统一的高校现代教育信息技术的标准，因而也没有适应高校英语教师这一特殊群体的教育信息技术标准。结合已有的教师教育技术标准和部分省份高校教师现代信息技术的通用标准，高校英语教师的教育信息技术的能力标准应包括信息技术的意识与责任、知识与技能、综合运用、开拓创新等四个方面：第一，在意识与责任方面，要明确科学使用教育信息技术是每一位高校英语教师的责任，提升教育信息技术能力是教师的基本专业素养。每一位高校英语教师要具有学习和使用教育信息技术的积极性，在使用教育信息技术的同时，也要避免"技术的异化"，还要具有良好的信息道德。第二，在知识与技能方面，要踊跃参加学校和社会组织的各类信息技术培训，能熟练运用多媒体、慕课、翻转课堂等信息技术手段。第三，综合运用方面，教师要能将现代教育信息技术手段与高校英语教学有机结合，科学设计教学资源、教学模式、教学评价和教学环境。第四，在开拓创新方面，高校英语教师要积极承担现代教育信息技术资源开发的研究课题，参与高校英语网络教学课件的研发和推广，解决现代教育信息技术手段与高校英语教学有机结合的瓶颈问题。

三、构建系统的高校英语教师现代教育信息技术培训体系

高校英语承担着繁重的教学科研任务，提升培训效率和质量是高校必须考虑的问题。实际上，高校要开展针对性调研，对高校英语教师的信息技术能力的实际情况进行全面排查，在此基础上，实施培训的岗位需求分析，科学设定培训内容，制定培训计划；要加强整合式培训和案例教学，将信息技术能力与高校英语教学有机融合，突出信息技术在高校英语教学中的运用，而不是培训技术和手段本身；要实施个性化的分级分层次培训，要根据高校英语教师对信息技术掌握的实际状况，分高中初级培训班，采取灵活多样的培训方式，包括教学资源开发、教学模式、第二课堂等环节；要加强培训管理和评价，要建立有效的激励机制，将信息技术培训纳入专业发展计划，实施教学比赛等等，激励高校英语教师参与培训的积极态度和内在潜力。

随着信息进程的快速推进，现代教育信息技术在给高校英语教师专业发展

和素质提升提出挑战的同时也提供了新的契机。高校英语教师现代教育信息技术素养的提升不是一朝一夕的事情，必须坚持与时俱进的原则，不断提升新时期的信息技术能力，及时高效地运用好现代信息技术和网络平台，不断推进高校英语教学改革进程，实现高校英语"学习语言技能、陶冶情操、培养全球意识、提升人文素养"等方面的功能。

参考文献

[1] 白莉莉. 智慧课堂 师生的"生命共同体"[M]. 杭州：浙江科学技术出版社，2007.

[2] 曹帅. 共同体构建下的英语教师专业发展学习研究 [J]. 山西青年，2021（2）.

[3] 岑嵩. 从慕课的发展看其对高校英语教学的影响 [J]. 英语广场，2019（6）.

[4] 陈广侠. 网络环境下远程教育教学管理与改革研究 [M]. 北京/西安：世界图书出版公司，2018.

[5] 陈建，陈守刚. 技术进步中的现代远程教学 [M]. 北京：中央广播电视大学出版社，2006.

[6] 陈胜华，刘溪萍. 试论基于翻转课堂下的高校英语教学 [J]. 现代英语，2020（2）.

[7] 陈晓丽. 高校英语慕课与翻转课堂教学模式研究 [M]. 成都：电子科技大学出版社，2017.

[8] 陈媛. 高校英语教学中的翻转课堂教学模式研究 [J]. 校园英语，2020（39）.

[9] 程显林. 信息技术科技英语 [M]. 北京：清华大学出版社，2004.

[10] 崔瑾英. 基于"互联网+"思维的高校英语信息化教学路径研究 [J]. 教育理论与实践，2020（27）.

[11] 崔玉琢. 高校英语教学的模式、方法与手段——评《新形势下高校英语教学与发展探讨》[J]. 中国高校科技，2019（12）.

[12] 戴朝晖. 基于慕课理念的大学英语翻转课堂研究 [M]. 青岛：中国海洋大学出版社，2019.

[13] 邓毅婷. 微媒体时代高校英语教学改革研究 [J]. 林区教学，2021（3）.

[14] 窦莹. 微课在高校英语教学中的有效运用 [J]. 校园英语，2020

(46).

[15] 杜梅香. 论移动学习模式在高校英语教学中的实施 [J]. 产业与科技论坛, 2018, 17 (6).

[16] 范玲. 多媒体教学手段与高校英语教学 [J]. 林区教学, 2007 (3).

[17] 方瑞. 英语语音翻转课堂 百问百答导学读本 [M]. 杭州: 浙江大学出版社, 2018.

[18] 高立. 慕课时代高校英语教学的机遇与挑战 [J]. 文教资料, 2020 (28).

[19] 郭爱平. 翻转课堂在高校英语教学中的运用 [J]. 鄂州大学学报, 2019, 26 (3).

[20] 郭岩. 基于"课内+移动学习"模式的高校英语教学探讨 [J]. 当代教育实践与教学研究, 2018 (22).

[21] 韩威. 翻转课堂语境下的高校英语教学新思考——评《高校英语教学与思辨能力培养》[J]. 教育理论与实践, 2020 (3).

[22] 何冰, 汪涛. 翻转课堂与英语教学 [M]. 长春: 吉林人民出版社, 2019.

[23] 胡静. 高校英语构建"智慧课堂"的价值与思路分析 [J]. 智库时代, 2020 (31).

[24] 黄红. 移动学习模式在高校英语教学中的实施 [J]. 东西南北, 2019 (17).

[25] 黄景碧, 朱汝葵. 网络远程教学资源设计开发 化学 [M]. 北京: 清华大学出版社, 2007.

[26] 黄秋凤. 基于POA的大学英语智慧课堂构建 [J]. 湖北开放职业学院学报, 2020, 33 (7).

[27] 江华圣. 信息技术专业英语 [M]. 武汉: 武汉大学出版社, 2010.

[28] 姜永生. 信息化教学概论 [M]. 北京: 中国铁道出版社, 2018.

[29] 蒋珏璟. ESP视域下民办本科院校大学英语教师专业发展实证研究 [J]. 国际公关, 2020 (11).

[30] 金沙丽. 基于"互联网+"思维的高校英语信息化教学路径探究 [J]. 现代英语杂志, 2020 (15).

[31] 黎曼曼. 核心素养下大学英语教师专业发展路径探究 [J]. 现代交际, 2021 (4).

[32] 李冰冰. 疫情背景下的高校英语"立体交互式"信息化教学的构建与运用 [J]. 智库时代, 2020 (30).

［33］李青．论我国高校英语教学中慕课资源的运用［J］．现代职业教育，2019（9）．

［34］李思元．基于信息技术的高校英语教学创新［J］．绿色科技，2020（23）．

［35］李婷婷．慕课时代高校英语教学新思考［J］．普洱学院学报，2020（4）．

［36］李曦．学校环境与反思技巧：高校英语教师专业发展研究［J］．中国成人教育，2019（3）．

［37］李晓芳，张小艳．新媒体时代高校英语教学方法创新探讨［J］．学园，2020（16）

［38］李新.CBI 理念下的高校英语教学与教师专业发展研究［J］．电影评介，2015（4）．

［39］李亚红．基于智慧课堂的英语师范生教学创新能力培养［J］．教育观察，2021，10（5）．

［40］李妍．国家中长期教育改革和发展规划之高校英语本科专业远程教学研究［J］．经济研究导刊，2010（35）．

［41］李卓阳．移动学习在高校英语教学中的实践研究［J］．现代英语杂志，2020（12）．

［42］梁美苑．翻转课堂在高校英语教学中的应用研究［J］．江西电力职业技术学院学报，2021，34（2）．

［43］廖茂珍．高校英语教学中微课的应用价值及教学模式构建［J］．文存阅刊，2018（10）．

［44］廖勤思．高校英语信息化教学探究——评《高校英语信息化教学研究》［J］．科技管理研究，2020，40（16）．

［45］林阿立．远程教学平台在高校成人英语教学中的应用［J］．宿州教育学院学报，2020，23（2）．

［46］刘昌利．翻转课堂视角下高校英语信息化教学探析［J］．教育信息化论坛，2019（10）．

［47］刘丽丽．反思性教学下的高校英语教师专业发展问题［J］．中阿科技论坛（中英文），2021（2）．

［48］刘梅．大数据时代的英语写作教学与研究［M］．苏州：苏州大学出版社，2018．

［49］刘倩．英语教师专业发展　理念与实践［M］．济南：山东教育出版社，2009．

［50］刘仁坤．远程教学模式：理论与实践［M］．北京：中央广播电视大学出版社，2009.

［51］刘爽．信息技术在高校英语教学中的应用分析［J］．计算机产品与流通，2020（11）.

［52］刘亭亭，吕大．信息生态视域下高校英语教学中信息化移动学习创新路径研究［J］．情报科学，2020，38（12）.

［53］刘晓婧．翻转课堂在高校英语教学中的模式研究［J］．佳木斯职业学院学报，2021，37（6）.

［54］刘学敏．信息化教学技术与实践［M］．哈尔滨：黑龙江大学出版社，2018.

［55］聂立新．基于OBE理念下的高校英语教学创新探析［J］．山西青年，2021（9）.

［56］宁广谊．信息技术在高校英语教学中的应用分析［J］．魅力中国，2020（45）.

［57］宁志刚，金龙永，周平．说课、微课与微型课［M］．北京：现代教育出版社，2019.

［58］牛洁珍．基于现代信息技术的大学生英语写作能力培养研究［M］．苏州：苏州大学出版社，2016.

［59］潘英慧．基于微课的大学英语教学模式分析与研究［M］．长春：吉林科学技术出版社，2020.

［60］任芳慧．信息技术与高校英语教学整合研究［J］．科技创新导报，2016，13（5）.

［61］任彦辉．关于高校英语信息化教学的探讨［J］．教育信息化论坛，2021（4）.

［62］苏超华．新时代大学英语智慧教学论［M］．长春：吉林人民出版社，2019.

［63］隋莹，陈胜华．基于"雨课堂"的高校英语教学模式探索［J］．魅力中国，2020（2）.

［64］谭璇．试论翻转课堂与高校英语信息化教学的结合［J］．校园英语，2019（21）.

［65］汤海丽．高校英语信息化教学改革与微课教学模式探究［M］．北京：冶金工业出版社，2018.

［66］汤敏．慕课革命 互联网如何变革教育？［M］．北京：中信出版社，2015.

［67］唐君.高校英语信息化教学研究［M］.北京：中国国际广播出版社，2018.

［68］唐俊红.互联网+英语教学［M］.北京：新华出版社，2018.

［69］陶冶情.基于"慕课"的高校英语教学改革探讨［J］.考试与评价（大学英语教研版），2019（1）.

［70］汪应，陈光海，韩晋川.高校教师信息化教学能力构成研究［M］.重庆：重庆大学出版社，2018.

［71］王琛.远程教学的分类及教师任务——以民办高校英语课程为例［J］.科教导刊（电子版），2020（24）.

［72］王楚君."慕课"背景下高校英语教学改革的思考［J］.作家天地，2020（19）.

［73］王菊平，周优钢，赵诗勇.教师信息化教学知识及能力体系研究［M］.北京：阳光出版社，2019.

［74］王茜.浅议微课教学模式在高校英语教学中的应用［J］.才智，2019（17）.

［75］王中华.当代教师专业发展研究［M］.北京：中国财富出版社，2015.

［76］吴美娟.高校英语信息化教学的应用研究［J］.读天下，2020（6）.

［77］吴泖.大数据构建下"高中英语智慧课堂"的效果观察［J］.英语广场（学术研究），2019（7）.

［78］谢梦.基于POA的大学英语智慧课堂构建［J］.宿州教育学院学报，2020，23（3）.

［79］谢瑶主.信息技术英语读本［M］.昆明：云南大学出版社，2019.

［80］胥昭.高校英语教学中微课的有效应用［J］.课程教育研究，2018（44）.

［81］徐博.试论高校英语教学中微课的应用［J］.魅力中国，2019（43）.

［82］闫洪勇.大学英语教学与教师专业发展研究［M］.西安：西安交通大学出版社，2017.

［83］杨静，柏雪，李苒荣，杨金双，王雯.移动互联视域下英语专业智慧课堂模式研究［J］.校园英语，2018（10）.

［84］杨洋，倪兆学，徐岩.英语课堂设计与微课教学模式［M］.长春：吉林人民出版社，2019.

［85］杨振峰.聚焦核心素养的智慧课堂探索［M］.上海：上海科学技术

文献出版社，2017.

　　[86] 尹晓腾. 中国语言慕课接受态度路径分析 [M]. 北京：中国商务出版社，2019.

　　[87] 袁安娜. 浅谈移动学习在高校英语教学中的实践应用 [J]. 福建茶叶，2020，42（2）.

　　[88] 袁慧玲. 中医药高校大学英语教师网络教学能力研究 [J]. 中国中医药现代远程教育，2016（9）.

　　[89] 曾友姣. 基于微课的高校英语教学翻转课堂研究 [J]. 教育观察，2020（9）.

　　[90] 曾媛. "翻转课堂" 在高校英语教学中的困境与未来走向 [J]. 校园英语，2019（26）.

　　[91] 张传伟. 浅谈跨文化交际在高校英语教学中的有效渗透 [J]. 科技视界，2020（29）.

　　[92] 张春艳. 终身学习时代背景下的英语移动学习 [M]. 长春：东北师范大学出版社，2018.

　　[93] 张翠平. 信息化教学视角下高校英语教学的课堂设计 [J]. 海外英语，2019（4）.

　　[94] 张珺. 现代信息技术视野下高校英语教学优化策略 [J]. 校园英语，2020（32）.

　　[95] 张丽超，郑平坪. 慕课背景下高校英语教学模式创新研究 [J]. 科技风，2019（16）.

　　[96] 张丽萍. 基于 "课内+移动学习" 模式的高校英语教学探究 [J]. 辽宁经济职业技术学院辽宁经济管理干部学院学报，2020（4）.

　　[97] 张蜜. "微时代" 高校英语教学的创新研究 [J]. 科技经济导刊，2020（21）.

　　[98] 张蓉. 关于高校英语教学翻转课堂的信息化建设探讨 [J]. 海外英语，2021（2）.

　　[99] 张婷. 高校英语教学中微课的应用探讨 [J]. 海外英语，2020（15）.

　　[100] 张习利. 慕课背景下的高校大学英语教学研究 [J]. 海外英语，2020（9）.

　　[101] 张亚宁. 基于微信的移动学习模式在高校英语教学中的应用研究 [J]. 教育现代化，2019（25）.

　　[102] 赵建华，王淑平，李培学，乔海英，郭敏，杨世鉴，李文娟. 远

程教育教学过程分析与实践创新研究［M］. 石家庄：河北人民出版社，2014.

　　［103］赵世忠，吴楠，赵挺 . 基于慕课资源下的科技英语翻译研究［M］. 北京：现代出版社，2019.

　　［104］郑立，姜桂桂 . 慕课与高校英语学习方式研究［M］. 成都：西南交通大学出版社，2017.

　　［105］郑旭 . 慕课时代高校英语教学的机遇与挑战［J］. 中文信息，2020（9）.

　　［106］周斌主 . 守望智慧的课堂［M］. 北京：北京燕山出版社，2017.

　　［107］周晓春 . 多模态视域下英语学习智慧课堂构型初探［J］. 湖北文理学院学报，2020，41（4）.

　　［108］周跃良等 . 信息化环境中的教师专业发展［M］. 北京：科学出版社，2008.